徐州市开发区中学校本教材

更向何处觅桃源

——《朝花夕拾》导读

杨一防 主编

东南大学出版社
SOUTHEAST UNIVERSITY PRESS
·南京·

图书在版编目(CIP)数据

更向何处觅桃源：《朝花夕拾》导读／杨一防主编．
—南京：东南大学出版社，2022.1（2023.9 重印）
 ISBN 978-7-5641-9904-3

Ⅰ．①更… Ⅱ．①杨… Ⅲ．①阅读课－中学－教学参考资料 Ⅳ．①G634.333

中国版本图书馆 CIP 数据核字（2021）第 258703 号

责任编辑：马　伟　责任校对：周　菊　封面设计：顾晓阳　责任印制：周荣虎

更向何处觅桃源——《朝花夕拾》导读
Gengxiang Hechu Mi Taoyuan——《Zhaohuaxishi》Daodu

主　　编	杨一防
出版发行	东南大学出版社
社　　址	南京四牌楼 2 号　邮编：210096　电话：025-83793330
网　　址	http://www.seupress.com
电子邮件	press@seupress.com
经　　销	全国各地新华书店
印　　刷	南京京新印刷有限公司
开　　本	700mm×1 000mm　1/16
印　　张	11.25
字　　数	163 千字
版　　次	2022 年 1 月第 1 版
印　　次	2023 年 9 月第 3 次印刷
书　　号	ISBN 978-7-5641-9904-3
定　　价	39.00 元

本社图书若有印装质量问题，请直接与营销部联系。电话(传真)：025-83791830

徐州市开发区中学系列校本教材编委会

主　编　苗　刚

副主编　刘宗果　王海鹰　沈兴伟　赵庆存　张　栋

编　委　汪静华　张存志　王　茜　丁长永　佟振通
　　　　　刘蒙娜　刘亚莉　葛兆金　焦　阳　马银安
　　　　　许　伟　聂忠田　陈　庚　赵荣峰　杨一防

唯有诗书滋味长

翻阅这两本校本教材,我不禁想起古希腊著名哲学家苏格拉底曾经说过的话:"把时间花费在阅读他人的著作吧,你可借他人辛苦得来的东西轻易地改善自己。"杨老师和葛老师在读书方面进行了自己的思考和探索,并且付诸实践,给学生们正确有益的引领,这是颇值得赞赏的。

有人说:"岁月就像一条长河,而我们就是在堤岸上行走的人。"沿着这条生命长河行走,每个人都有着各自不同的成长经历和生活轨迹,于是便造就了每个人独有的生活方式。从别人的文字里去体会不同的人生意义,用这些来衡量和比较自己的处境。阅读让我们日渐成熟。文字带给我们欢乐与思考,让我们学会如何生活。我坚信,阅读的人生是充实幸福的。诵诗读书,让我们去了解更广阔的生活,去感受丰富多彩的生命之美。

走进这两本校本教材,你将在晚唐五代的诗词中漫步,你将沉浸在美丽的汉字组合中,体会"春水碧于天,画船听雨眠"的明净和恬美、"珍重主人心,酒深情亦深"的醇厚而真挚、"谁谓伤心画不成,画人心逐世人情"的颖锐和深刻!你将随着迅哥儿走进他的童年深处,到民风淳朴的江南水乡做客,去仙台寻访平凡而伟大的藤野先生……

你若读书，生活处处有诗意。漫漫人生路，用诗意的心情去生活，一路浅笑前行，一直与书相伴，这也算是生命里一种美好的遇见吧。

在喜欢的一草一木一花间，在那些与书相伴的日子里，纵然是四季交替，岁月流逝，而那些阅读的日子，便是岁月给予的最美好的时光，它让我们学会微笑面对生活，执笔去写诗和远方。

绍兴寿镜吾先生家族传承下来的祖训：布衣暖，菜根香，诗书滋味长。同学们，愿你们能在两位老师的引领下，积极思考，享受阅读，打下厚实的根基。

谭　永

前　言

周国平老师说:"在人的一生中,童年似乎是最不起眼的。大人们都在做正经事,孩子们却只是在玩耍,在梦想,仿佛在无所事事中挥霍着宝贵的光阴。可是,这似乎最不起眼的童年其实是人生中最重要的季节。"追忆童年,几乎是人类共通的情感体验。书写童年,是很多作家共同的情怀。穿透字字词词的丛林,抚摸标点符号的肌肤,让我们一步步走进作家的童年深处。

这个册子,就是对鲁迅先生书写童年的名作《朝花夕拾》的一些阅读指引的探索。

当然,《朝花夕拾》不是只写了童年,而是从童年的游戏、少年的奔波写到了青年的求学,其中不仅是自己的成长史,更是不断用成人的眼光重新关照社会的过程,是一个不断追寻的过程。

"朝花夕拾"是个诗意的名字,早晨的花儿傍晚拾起,因为这"朝"与"夕"之间的距离,一切过往的回忆便多了一分温情,多了一分理性。"而那过去了的,就会成为亲切的怀恋。"掩卷回味,耐人寻味的美感油然而生。

这分温情来自鲁迅先生生命中一些可爱的人。鲁迅对保姆长妈妈的回忆便充满了温情,由一开始在夏日的凉席上被挤得难以入睡对阿长颇有微词,还给"我"讲一些客套和迷信的礼数;后却因其设法买来《山海经》而大为感动,字里行间流淌着鲁迅先生对长妈妈深切的爱戴和怀念。

那位"八字须,戴着眼镜,挟着一叠大大小小的书"的藤野先生,为"我"批改讲义,因"我"不再学医而叹息,并真心地希望新的医学能传入中国。这份跨越国界和民族的殷切希望,对于留学日本的中国学子鲁迅先生,该是多么的珍贵!

这份理性来自鲁迅对生活的体悟与思考。《二十四孝图》中作者回忆小时候读的一些书,回想起来却觉得那些故事荒唐而虚伪;《五猖会》中去看表演之前,被父亲要求学习,以至于最后失去了游玩的兴致;《琐记》中写到鲁迅先生去外地读书,读了几个大学,结果发现大学教育不太对自己的胃口。如此种种,都表露出鲁迅先生对束缚儿童天性的封建教育的不满。而面对医术极差却霸道十足的荒唐"名医"和表里不一、阴冷自私的衍太太,鲁迅先生以文字的方式不动声色又激烈深刻地剥掉了"名医"那层虚晃无用的外壳,刻画出衍太太的丑恶嘴脸。

就像《朝花夕拾》的编者开篇说的那样:"记忆凝结成的文字,字句都流淌着情感的汁液。童年韶光的快乐与压抑,对人性美好的向往和袒露,构筑起鲁迅最真实的心灵风景。生命因回忆而鲜活。那些拾起而再也不愿丢下的旧事,慰藉了精神,温暖了心灵。"

朱光潜先生说:"美和实际人生有一个距离,要见出事物本身的美,须把它摆在适当的距离之外去看。"鲁迅先生于"夕"时拾"朝花"是对距离与美的绝佳诠释,而如今我们读者借助书中的文字,唤醒的自身对于儿时趣事的怀恋,又何尝不是一种亲切的美呢?

神秘的百草园,就是成年迅哥儿心中的桃花源,是个无忧无虑纯洁美好的理想的梦。

李宗盛的歌词说:"走吧,走吧,人总要学着自己长大。"阅读这部名著,我们体会到迅哥儿的渐渐长大,对救国之路的漫漫求索,用以滋养我们的心灵。

　　沉浸字里行间深处,我们去体会感受。很多文字,还让我们联想到更多的作品,所以我在相应的篇章后面,推荐了一些相关联的文章供大家欣赏。审美的阅读体验更向何处寻觅?让我们就从这些大师名家的文笔深处,潜心品文吧。

杨一防

目　录

小引	001
狗·猫·鼠	004
阿长与《山海经》	023
《二十四孝图》	035
五猖会	048
无常	059
从百草园到三味书屋	075
父亲的病	087
琐记	100
藤野先生	113
范爱农	132
后记	144
参考文献	168

小　引

　　我常想在纷扰中寻出一点闲静来,然而委实不容易。目前是这么离奇,心里是这么芜杂。一个人做到只剩了回忆的时候,生涯大概总要算是无聊了罢,但有时竟会连回忆也没有。中国的做文章有轨范,世事也仍然是螺旋。前几天我离开中山大学的时候,便想起四个月以前的离开厦门大学;听到飞机在头上鸣叫,竟记得了一年前在北京城上日日旋绕的飞机。我那时还做了一篇短文,叫作《一觉》。现在是,连这"一觉"也没有了①。

　　广州的天气热得真早,夕阳从西窗射入,逼得人只能勉强穿一件单衣。书桌上的一盆"水横枝",是我先前没有见过的:就是一段树,只要浸在水中,枝叶便青葱得可爱。看看绿叶,编编旧稿,总算也在做一点事。做着这等事,真是虽生之日,犹死之年,很可以驱除炎热的②。

　　前天,已将《野草》编定了;这回便轮到陆续载在《莽原》上的《旧事重提》,我还替他改了一个名称:《朝花夕拾》③。带露折花,色香自然

① 东一句西一句背后,浓缩了从北京到厦门再到广州的感受。我们隐约可以感到,鲁迅当时的心境并不好,纷扰芜杂,甚至带着强烈的虚无与悲观。

② 悲凉可驱热!寥寥数语,却让人仿佛看到那盆青翠可爱的"水横枝"和作者苍凉的心境。再到后面"带露折花""仰看流云"等词,几乎要让我疑心自己看走了眼,这真的是鲁迅的话吗?我印象中的鲁迅,是写不出这般带着温柔缱绻的词的。他的字词,总是夹着枪棒,带着刺勾,染着鲜血……

③ 改得形象感和哲理性兼具。只是不太吉利,似到了人生暮年,那时鲁迅不过刚刚46岁。

要好得多,但是我不能够④。便是现在心目中的离奇和芜杂,我也还不能使他即刻幻化,转成离奇和芜杂的文章⑤。或者,他日仰看流云时,会在我的眼前一闪烁罢⑥。

我有一时,曾经屡次忆起儿时在故乡所吃的蔬果:菱角,罗汉豆,茭白,香瓜。凡这些,都是极其鲜美可口的;都曾是使我思乡的蛊惑。后来,我在久别之后尝到了,也不过如此;惟独在记忆上,还有旧来的意味存留。他们也许要哄骗我一生,使我时时反顾⑦。

这十篇就是从记忆中抄出来的,与实际容或有些不同,然而我现在只记得是这样。文体大概很杂乱,因为是或作或辍,经了九个月之多。环境也不一:前两篇写于北京寓所的东壁下;中三篇是流离中所作,地方是医院和木匠房;后五篇却在厦门大学的图书馆的楼上,已经是被学者们挤出集团之后了⑧。

一九二七年五月一日,鲁迅于广州白云楼记。

④ 为何不能够?

⑤ 必得深思远谋成了体系后才落笔?

⑥ 这几句说出了为何是"朝花夕拾"而不是"鲜花旋摘"的原因,富有诗情和才思。

⑦ 借此说明记忆的不大可靠,但又不得不被回忆所影响。《朝花夕拾》则是一种"在绝望中寻求"的心灵追忆,是"从记忆中抄出来的""回忆文"。也许,越是在绝望的时候,人对往事的回忆越会显得深情绵长。

⑧ 君子居之,何陋之有?

【尾评】

小引作为《朝花夕拾》的开头,为引出下面的十一篇昔日好文(包括后记)做了铺垫。这部分交代了十一件事情,内容都是鲁迅先生一个个零散的记忆以及过去的思想抒发。

文中提到了鲁迅先生把《旧事重提》改了一个名称:《朝花夕拾》。"带露折花,色香自然要好得多,但是我不能够。便是现在心目中的离奇和芜杂,我也还不能使他即刻幻化,转成离奇和芜杂的文章。"而我却是从字面上觉得:昔日的故事如鲜花一般,点缀着先生的一生,陪伴着先生的晚年。"朝花夕拾"是一个很有诗意的名字,这"朝"与"夕"之间的距离,使得一切过往的回忆便多了一分温情,多了一分理性。正如普希金在《假如生活欺骗了你》中所说:"而那过去了的,就会成为亲切的怀恋。"掩卷回味,耐人寻味的美感油然而生。细读这部鲁迅童年时光的回忆录,我们会发现一个不一样的鲁迅,他是鲜活的、可爱的,有着普通人的喜怒哀乐。他就像一个邻家大哥哥,充满了温暖的人情味儿。

狗·猫·鼠①

从去年起,仿佛听得有人说我是仇猫的。那根据自然是在我的那一篇《兔和猫》;这是自画招供,当然无话可说,——但倒也毫不介意。一到今年,我可很有点担心了。我是常不免于弄弄笔墨的,写了下来,印了出去,对于有些人似乎总是搔着痒处的时候少,碰着痛处的时候多。万一不谨,甚而至于得罪了名人或名教授,或者更甚而至于得罪了"负有指导青年责任的前辈"之流,可就危险已极。为什么呢?因为这些大脚色是"不好惹"的。怎地"不好惹"呢?就是怕要浑身发热之后,做一封信登在报纸上,广告道:"看哪!狗不是仇猫的么?鲁迅先生却自己承认是仇猫的,而他还说要打'落水狗'!"②这"逻辑"的奥义,即在用我的话,来证明我倒是狗,于是而凡有言说,全都根本推翻,即使我说二二得四,三三见九,也没有一字不错。这些既然都错,则绅士口头的二二得七,三三见千等等,自然就不错了③。

我于是就间或留心着查考它们成仇的"动

① 同样是"宅着",区别在哪儿?

② 这些"大脚色"用颠倒是非、扭曲事实的奇怪"逻辑"来证明一个不真实的事,这种手段本身就有些卑劣。而这些"大脚色",这些"负有指导青年责任的前辈"究竟是什么样的人呢?通过背景和资料查询发现,大抵是一些"现代评论派"。

③ 以其人之道还治其人之身。

机"。这也并非敢妄学现下的学者以动机来褒贬作品的那些时髦,不过想给自己预先洗刷洗刷。据我想,这在动物心理学家,是用不着费什么力气的,可惜我没有这学问。后来,在覃哈特博士(Dr. O. Dähnhardt)的《自然史底国民童话》里,总算发现那原因了。据说,是这么一回事:动物们因为要商议要事,开了一个会议,鸟、鱼、兽都齐集了,单是缺了象。大家议定,派伙计去迎接它,拈到了当这差使的阄的就是狗。"我怎么找到那象呢?我没有见过它,也和它不认识。"它问。"那容易,"大众说,"它是驼背的。"狗去了,遇见一只猫,立刻弓起脊梁来,它便招待,同行,将弓着脊梁的猫介绍给大家道:"象在这里!"但是大家都嗤笑它了。从此以后,狗和猫便成了仇家④。

④ 暗讽狗脑子的人;道听途说而把猫当作象的人物,至少未绝。

日尔曼人走出森林虽然还不很久,学术文艺却已经很可观,便是书籍的装潢,玩具的工致,也无不令人心爱。独有这一篇童话却实在不漂亮;结怨也结得没有意思。猫的弓起脊梁,并不是希图冒充,故意摆架子的,其咎却在狗的自己没眼力。然而原因也总可以算作一个原因。我的仇猫,是和这大大两样的⑤。

⑤ 过渡。

其实人禽之辨,本不必这样严⑥。在动物界,虽然并不如古人所幻想的那样舒适自由,可是噜苏做作的事总比人间少⑦。它们适性任

⑥ 有道理,人未必强过禽。

⑦ 道法自然。从容本色自然任何时候都是可贵的。

情,对就对,错就错,不说一句分辩话。虫蛆也许是不干净的,但它们并没有自命清高;鸷禽猛兽以较弱的动物为饵,不妨说是凶残的罢,但它们从来就没有竖过"公理""正义"的旗子,使牺牲者直到被吃的时候为止,还是一味佩服赞叹它们⑧。人呢,能直立了,自然是一大进步;能说话了,自然又是一大进步;能写字作文了,自然又是一大进步。然而也就堕落,因为那时也开始了说空话。说空话尚无不可⑨,甚至于连自己也不知道说着违心之论,则对于只能嗥叫的动物,实在免不得"颜厚有忸怩"。假使真有一位一视同仁的造物主,高高在上,那么,对于人类的这些小聪明,也许倒以为多事,正如我们在万生园里,看见猴子翻筋斗,母象请安,虽然往往破颜一笑,但同时也觉得不舒服,甚至于感到悲哀,以为这些多余的聪明,倒不如没有的好罢⑩。然而,既经为人,便也只好"党同伐异",学着人们的说话,随俗来谈一谈,——辩一辩了。

⑧ 类似的思想在说蚊蝇的杂文中也闪现过。

⑨ 名可名,非常名。

⑩ 自以为聪明的聪明,分外可憎。

(编者注:以上的"缘起"娓娓道来,似武林高手随便一出手,就是雷霆万钧,超凡脱俗。低级写手往往追求"风头",或者语不惊人死不休,或者在句式上内容上绞尽脑汁,结果还是"自以为聪明,分外可憎"。特点:目的明确,充满自信。)

现在说起我仇猫的原因来,自己觉得是理

由充足,而且光明正大的。一,它的性情就和别的猛兽不同,凡捕食雀鼠,总不肯一口咬死,定要尽情玩弄,放走,又捉住,捉住,又放走,直待自己玩厌了,这才吃下去,颇与人们的幸灾乐祸,慢慢地折磨弱者的坏脾气相同。二,它不是和狮虎同族的么?可是有这么一副媚态!但这也许是限于天分之故罢,假使它的身材比现在大十倍,那就真不知道它所取的是怎么一种态度⑪。然而,这些口实,仿佛又是现在提起笔来的时候添出来的,虽然也像是当时涌上心来的理由。要说得可靠一点,或者倒不如说不过因为它们配合时候的嗥叫,手续竟有这么繁重,闹得别人心烦,尤其是夜间要看书,睡觉的时候。当这些时候,我便要用长竹竿去攻击它们。狗们在大道上配合时,常有闲汉拿了木棍痛打;我曾见大勃吕该尔(P. Bruegel d. Ä)的一张铜版画 Allegorie der Wollust 上,也画着这回事,可见这样的举动,是中外古今一致的。自从那执拗的奥国学者弗罗特(S. Freud)提倡了精神分析说——Psychoanalysis,听说章士钊先生是译作"心解"的,虽然简古,可是实在难解得很——以来,我们的名人名教授也颇有隐隐约约,检来应用的了,这些事便不免又要归宿到性欲上去。打狗的事我不管,至于我的打猫,却只因为它们嚷嚷,此外并无恶意,我自信

⑪ 深刻!

我的嫉妒心还没有这么博大,当现下"动辄获咎"之秋,这是不可不预先声明的⑫。例如人们当配合之前,也很有些手续,新的是写情书,少则一束,多则一捆;旧的是什么"问名""纳采",磕头作揖,去年海昌蒋氏在北京举行婚礼,拜来拜去,就十足拜了三天,还印有一本红面子的《婚礼节文》,《序论》里大发议论道:"平心论之,既名为礼,当必繁重。专图简易,何用礼为?……然则世之有志于礼者,可以兴矣!不可退居于礼所不下之庶人矣!"然而我毫不生气,这是因为无须我到场;因此也可见我的仇猫,理由实在简简单单,只为了它们在我的耳朵边尽嚷的缘故。人们的各种礼式,局外人可以不见不闻,我就满不管,但如果当我正要看书或睡觉的时候,有人来勒令朗诵情书,奉陪作揖,那是为自卫起见,还要用长竹竿来抵御的⑬。还有,平素不大交往的人,忽而寄给我一个红帖子,上面印着"为舍妹出阁","小儿完姻","敬请观礼"或"阖第光临"这些含有"阴险的暗示"的句子⑭,使我不化钱便总觉得有些过意不去的,我也不十分高兴。

但是,这都是近时的话。再一回忆,我的仇猫却远在能够说出这些理由之前,也许是还在十岁上下的时候了。至今还分明记得,那原因是极其简单的:只因为它吃老鼠,——吃了

⑫ 再刺。

⑬ 该出手时就出手。

⑭ 这样的人现在也很多。

我饲养着的可爱的小小的隐鼠⑮。

　　听说西洋是不很喜欢黑猫的,不知道可确;但 Edgar Allan Poe 的小说里的黑猫,却实在有点骇人。日本的猫善于成精,传说中的"猫婆",那食人的惨酷确是更可怕。中国古时候虽然曾有"猫鬼",近来却很少听到猫的兴妖作怪,似乎古法已经失传,老实起来了。只是我在童年,总觉得它有点妖气⑯,没有什么好感。那是一个我的幼时的夏夜,我躺在一株大桂树下的小板桌上乘凉,祖母摇着芭蕉扇坐在桌旁,给我猜谜,讲古事。忽然,桂树上沙沙地有趾爪的爬搔声,一对闪闪的眼睛在暗中随声而下,使我吃惊,也将祖母讲着的话打断,另讲猫的故事了——

　　"你知道么?猫是老虎的先生。"她说。"小孩子怎么会知道呢,猫是老虎的师父。老虎本来是什么也不会的,就投到猫的门下来。猫就教给它扑的方法,捉的方法,吃的方法,像自己的捉老鼠一样。这些教完了;老虎想,本领都学到了,谁也比不过它了,只有老师的猫还比自己强,要是杀掉猫,自己便是最强的脚色了。它打定主意,就上前去扑猫。猫是早知道它的来意的,一跳,便上了树,老虎却只能眼睁睁地在树下蹲着。它还没有将一切本领传授完,还没有教给它上树。"⑰

⑮ 原来仇猫原因如此简单。无大学问者怎能写出上面有骨有肉的话。

⑯ 猫确实"妖",还不如大公鸡的勇于进攻来得威猛呢。昨日一只生着高高的红冠、红胡子的肥鸡,正在当路昂昂前行,因我急步从它侧面抢过,让它吃了一惊,于是它扎煞起颈毛飞身而起,要用它的尖嘴咬我的腿,要不是我用武力吓跑了它,它还真个公鸡得志了。

⑰ 挟技自秘。

这是侥幸的,我想,幸而老虎很性急,否则从桂树上就会爬下一匹老虎来。然而究竟很怕人,我要进屋子里睡觉去了。夜色更加黯然;桂叶瑟瑟地作响,微风也吹动了,想来草席定已微凉,躺着也不至于烦得翻来复去了⑱。　　⑱ 实中有虚。

　　几百年的老屋中的豆油灯的微光下,是老鼠跳梁的世界,飘忽地走着,吱吱地叫着,那态度往往比"名人名教授"还轩昂⑲。猫是饲养着的,然而吃饭不管事。祖母她们虽然常恨鼠子们啮破了箱柜,偷吃了东西,我却以为这也算不得什么大罪,也和我不相干,况且这类坏事大概是大个子的老鼠做的,决不能诬陷到我所爱的小鼠身上去⑳。这类小鼠大抵在地上走动,只有拇指那么大,也不很畏惧人,我们那里叫它"隐鼠",与专住在屋上的伟大者㉑是两种。我的床前就帖着两张花纸,一是"八戒招赘",满纸长嘴大耳,我以为不甚雅观;别的一张"老鼠成亲"却可爱,自新郎新妇以至傧相,宾客,执事,没有一个不是尖腮细腿,像煞读书人的,但穿的都是红衫绿裤。我想,能举办这样大仪式的,一定只有我所喜欢的那些隐鼠。现在是粗俗了,在路上遇见人类的迎娶仪仗,也不过当作性交的广告看,不甚留心;但那时的想看"老鼠成亲"的仪式,却极其神往,即使像海昌蒋氏似的连拜三夜,怕也未必会看得心烦㉒。正月十四

⑲ 比喻得何其贴切。

⑳ 童趣。

㉑ 大词小用。

㉒ 照应。

的夜,是我不肯轻易便睡,等候它们的仪仗从床下出来的夜。然而仍然只看见几个光着身子的隐鼠在地面游行,不像正在办着喜事㉓。直到我敖不住了,怏怏睡去,一睁眼却已经天明,到了灯节了。也许鼠族的婚仪,不但不分请帖,来收罗贺礼,虽是真的"观礼",也绝对不欢迎的罢,我想,这是它们向来的习惯,无法抗议的㉔。

㉓ 思维连贯。

㉔ 儿童的思维;流畅的文气。

　　老鼠的大敌其实并不是猫。春后,你听到它"咋!咋咋咋咋!"地叫着,大家称为"老鼠数铜钱"的,便知道它的可怕的屠伯已经光临了。这声音是表现绝望的惊恐的,虽然遇见猫,还不至于这样叫。猫自然也可怕,但老鼠只要窜进一个小洞去,它也就奈何不得,逃命的机会还很多。独有那可怕的屠伯——蛇,身体是细长的,圆径和鼠子差不多,凡鼠子能到的地方,它也能到,追逐的时间也格外长,而且万难幸免,当"数钱"的时候,大概是已经没有第二步办法的了㉕。

㉕ 引人入胜。

　　有一回,我就听得一间空屋里有着这种"数钱"的声音,推门进去,一条蛇伏在横梁上,看地上,躺着一匹隐鼠,口角流血,但两胁还是一起一落的。取来给躺在一个纸盒子里,大半天,竟醒过来了,渐渐地能够饮食,行走,到第二日,似乎就复了原,但是不逃走。放在地上,也时时跑到人面前来,而且缘腿而上,一直爬到膝髁。给放在饭桌上,便检吃些菜渣,舔舔碗沿;放在我的书桌上,则从容地游行,看见砚台便舐吃了研着的墨汁。这使我非常惊喜了。我听父亲说过,中国有一种墨猴,只有拇指一般大,全身的毛是漆黑而且发亮的。它睡在笔筒里,一听到磨墨,便跳出来,等着,等到人写完字,套上笔,就舐尽了砚上的余墨,仍旧跳进笔筒里去了。我就极愿意有这样的一个墨猴,可是得不到;问那里有,那里买的呢,谁也不知道。"慰情聊胜无",这隐鼠总可以算是我的墨猴了罢,虽然它舐吃墨汁,并不一定肯等到我写完字㉖。

㉖"爱猴及鼠"。

现在已经记不分明,这样地大约有一两月;有一天,我忽然感到寂寞了,真所谓"若有所失"。我的隐鼠,是常在眼前游行的,或桌上,或地上。而这一日却大半天没有见,大家吃午饭了,也不见它走出来,平时,是一定出现的。我再等着,再等它一半天,然而仍然没有见㉗。

㉗ 有节奏。

长妈妈,一个一向带领着我的女工,也许是以为我等得太苦了罢,轻轻地来告诉我一句话。这即刻使我愤怒而且悲哀,决心和猫们为敌。她说:隐鼠是昨天晚上被猫吃去了㉘!

㉘ 简单的情节也设计得跌宕起伏。

当我失掉了所爱的,心中有着空虚时,我要充填以报仇的恶念㉙!

㉙ 通过强调增强感情色彩。

我的报仇,就从家里饲养着的一匹花猫起手,逐渐推广,至于凡所遇见的诸猫。最先不过是追赶,袭击;后来却愈加巧妙了,能飞石击中它们的头,或诱入空屋里面,打得它垂头丧气㉚。这作战继续得颇长久,此后似乎猫都不来近我了。但对于它们纵使怎样战胜,大约也算不得一个英雄;况且中国毕生和猫打仗的人也未必多,所以一切韬略,战绩,还是全部省略了罢㉛。

但许多天之后,也许是已经经过了大半年,我竟偶然得到一个意外的消息:那隐鼠其实并非被猫所害,倒是它缘着长妈妈的腿要爬上去,被她一脚踏死了㉜。

这确是先前所没有料想到的㉝。现在我已经记不清当时是怎样一个感想,但和猫的感情却终于没有融和㉞;到了北京,还因为它伤害了兔的儿女们,便旧隙夹新嫌,使出更辣的辣手㉟。"仇猫"的话柄,也从此传扬开来。然而在现在,这些早已是过去的事了,我已经改变态度,对猫颇为客气,倘其万不得已,则赶走而已,决不打伤它们,更何况杀害。这是我近几年的进步。经验既多,一旦大悟,知道猫的偷鱼肉,拖小鸡,深夜大叫,人们自然十之九是憎恶的,而这憎恶是在猫身上。假如我出而为人们驱除这憎恶,打伤或杀害了它,它便立刻变

㉚ 精彩纷呈,童趣盎然。

㉛ 转到成人的视角。

㉜ 真相是如此难得,需要时间,需要偶然,所以不要轻信,要"见诸相非相"才能见"如来"。
㉝ 只有想不到。
㉞ 仇猫其实不单是因为隐鼠,还是因为猫的跟小人相近的妖媚。另当发现真相的时候,为了避免"自己竟然那么蠢,那么坏,为了一个不存在的事竟然冤枉了无辜的猫"这种念头,于是立即会产生合理的想法:"就算不是猫吃的,猫也并不就是好东西,所以之前的仇恨仍是合理的,我不蠢,也不坏。"于是仇恨继续。他恨猫,是因为他做了虐待猫的事情。人的认知总是倾向于合理化自己的行为。
㉟ 一涉及猫,就有趣味。

为可怜,那憎恶倒移在我身上了㊱。所以,目下的办法,是凡遇猫们捣乱,至于有人讨厌时,我便站出去,在门口大声叱曰:"嘘!滚!"小小平静,即回书房,这样,就长保着御侮保家的资格㊲。其实这方法,中国的官兵就常在实做的,他们总不肯扫清土匪或扑灭敌人,因为这么一来,就要不被重视,甚至于因失其用处而被裁汰。我想,如果能将这方法推广应用,我大概也总可望成为所谓"指导青年"的"前辈"的罢,但现下也还未决心实践,正在研究而且推敲。

㊱ 借猫喻人,入木三分的深刻!

㊲ 而这,实在也不能够。

一九二六年二月二十一日。

【尾评】

　　按照很多人的写作习惯,无论是长篇还是系列文章,往往都起于一个引子。鲁迅这一系列创作的引子,该是"女师大风潮"。1924 年 5 月,北京女子师范大学新任校长杨荫榆与政府勾结,压制学生的革命活动,滥用经费,违章收费,等等,引起学生公愤。1925 年初,学生派代表要求教育部撤换校长。5 月,杨借故开除刘和珍、许广平等 6 名学生自治会代表。1925 年 5 月 12 日,鲁迅在《京报副刊》上发表《忽然想到(七)》,第一次公开表示对此次学潮的意见,公开支持学生。5 月 21 日,鲁迅又写了杂文《"碰壁"之后》,尖锐地抨击那些所谓教育家们对学生的迫害,他把无限的同情与正义给予了受迫害的学生。

　　随着"女师大事件"的扩大,也引发了当时北京教育界的分化,一些"现代评论派",如陈西滢、徐志摩、章士钊等人都与鲁迅有过论争,他们发表文章相互"攻击"。在这种情势之下,鲁迅对"现代评论派"的"正人君子"们,玩弄所谓"公理"的把戏,及时地予以迎头痛击,这些在《华盖集》及《华盖集续编》中均有精彩的呈现。

《狗·猫·鼠》一文就是在这样的背景下写出来的,在文中,鲁迅表达了对"猫"的痛恨,他说道:"现在说起我仇猫的原因来,自己觉得是理由充足,而且光明正大的。"并阐明了四点原因:第一,猫以强凌弱玩弄自己的猎物;第二,猫和狮虎同族,却天生一副媚态;第三,猫老在交配时嗥叫,令人心烦;第四,猫吃了鲁迅小时候心爱的一只小隐鼠。很明显,鲁迅先生是在现实问题直接激发下写成的此文,这里的"猫"以及关于"仇猫"的原因,均是有所指涉的。这也使得这篇散文在回忆之中充满着现实感和论辩性。

与"猫"的隐喻性相对立,"鼠"在文中所隐喻的则是另一重含义,文中反复强调,在动物世界的残酷而血腥的竞争之中,"鼠"无时无刻都处于弱势的地位。结合背景和文中的意思,大家很容易对"鼠"的隐喻意义有所会心,那不就是弱势学生的写照吗?只有正视在这一历史阶段鲁迅与"正人君子"们艰苦的论战,才能找到解读《狗·猫·鼠》情感力度的切入点。

在写作过程中,鲁迅想起了自己的童年,回忆了祖母给自己讲述的猫虎传说,自己在老屋中听到的老鼠跳梁的声响里,想象正月十四夜里老鼠成亲的仪仗,特别是自己饲养一只隐鼠过程中的悲喜苦乐,凡此种种又构成了这篇散文温馨的一面,也是最具吸引力的部分。

【比较阅读】

赋得猫
—— 猫与巫术

周作人

我很早就想写一篇讲猫的文章。在我的《书信》里《与俞平伯君书》中有好几处说起,如廿一年十一月十三日云:

"昨下午北院叶公过访,谈及索稿,词连足下,未知有劳山的文章可以给予者欤。不佞只送去一条穷裤而已,虽然也想多送一点,无奈材料缺乏,别无可做,想久写一小文以猫为主题,亦终于未著笔也。"叶公即公超,其时正在编辑《新月》。十二月一日又云:

"病中又还了一件文债,即新印《越谚》跋文,此后拟专事翻译,虽胸中尚有一猫,盖非至一九三三年未必下笔矣。"但二十二年二月二十五日又云:

"近来亦颇有志于写小文,仍有暇而无闲,终未能就,即一年前所说的猫亦尚任其屋上乱叫,不克捉到纸上来也。"如今已是一九三七,这四五年中信里虽然不曾再说,心里却还是记着,但是终于没有写成。这其实倒也罢了,到现在又来写,却为什么缘故呢?

当初我想写猫的时候,曾经用过一番工夫。先调查猫的典故,并觅得黄汉的《猫苑》二卷,仔细检读,次又读外国小品文,如林特(R. Lynd),密伦(A. A. Milne),却贝克(K. Capek)等,公超又以路加思(E. V. Lucas)文集一册见赠,使我得见所著谈动物诸文,尤为可感。可是愈读愈胡涂,简直不知道怎样写好,因为看过人家的好文章,珠玉在地,不必再去摆上一块砖头,此其一。材料太多,贪吃便嚼不烂,过于踌躇,不敢下笔,此其二。大约那时的意思是想写草木虫鱼一类的文章,所以还要有点内容,讲点形式,却是不大容易写,近来觉得这也可以不必如此,随便说说话就得了,于是又拿起那个旧题目来,想写几句话交卷。这是先有题目而作文章的,故曰赋得,不过我写文章是以不切题为宗旨的,假如有人想拿去当作赋得体的范本,那是上当非浅,所以请大家不要十分认真才好。

现在我的写法是让我自己来乱说,不再多管人家的鸟事。以前所查过的典故看过的文章幸而都已忘却了,《猫苑》也不翻阅,想到什么可写的就拿来用。这里我第一记得清楚的是一件老姨与猫的故事,出在霁园主人著的《夜谈随录》里。此书还是前世纪末读过,早已散失,乃从友人处借得一部检之,在第六卷中,是《夜星子》二则中之一。其文云:

"京师某宦家,其祖留一妾,年九十余,甚老耄,居后房,上下呼为老姨。日坐炕头,不言不笑,不能动履,形似饥鹰而健饭,无疾病。尝畜一猫,与相守不离,寝食共之。宦一幼子尚在襁褓,夜夜啼号,至睡方辍,匝月不愈,患之。俗传小儿夜啼谓之夜星子,即有能捉之者。于是延捉者至家,礼待甚厚,捉者一半老妇人耳。是夕就小儿旁设桑弧桃矢,长大不过五寸,矢上系素丝数丈,理其端于无名之指而拈之。至夜半月色上窗,儿啼渐作,顷之隐隐见窗纸有影倏进倏却,仿佛一妇人,长六七寸,操戈骑马而行。捉者摆手低语曰,夜星子来矣来矣!亟弯弓射之,中肩,卿卿有声,弃戈返驰,捉者起急引丝率众逐之。拾其戈观之,一搓线小竹签也。迹至后房,其丝竟入门隙,群呼老姨,不应,因共排闼燃烛入室,遍觅无所见。搜索久之,忽一小婢惊指曰,老姨中箭矣!众视之,果见小矢钉老姨肩上,呻吟不已,而所畜猫犹在胯下也,咸大错愕,亟为拔矢,血流不止。捉者命扑杀其猫,小儿因不复夜啼,老姨亦由此得病,数日亦死。"后有兰岩评语云:

"怪出于老姨,诚不知其何为,想系猫之所为,老姨龙钟为其所使耳。卒乃中箭而亡,不亦冤乎。"同卷中又有《猫怪》三则,今悉不取,此处评者说是猫之所为亦非,盖这篇夜星子的价值重在是一件巫蛊案,猫并不是主,乃是使也。我很想知道西汉的巫蛊详情,可是没有工夫去查考,所以现在所说的大抵是以西欧为标准,巫蛊当作 witch-craft 的译语,所谓使即是 familiars 也。英国蔼堪斯泰因女士(Lina Eckenstein)曾著《儿歌之研究》,二十年前所爱读,其遗稿《文字的咒力》(*A Spell of Word*, 1932)中第一篇云《猫及其同帮》,于我颇有用处。第一章《猫或狗》中云:

"在北欧古代猫也算是神圣不可犯的,又用作牺牲。木桶里的猫那种残酷的游戏在不列颠一直举行,直至近代。这最好是用一只猫,在得不到的时候,那就用烟煤,加入柄中。"

"在法兰西比利时直至近代,都曾举行公开的用猫的仪式。圣约翰祭即中夏夜,在巴黎及各处均将活猫关在笼里,抛到火堆里去。在默兹地方,这个习俗至一七六五年方才废除。比利时的伊不勒思及其他城市,在圣灰日即四旬斋的第一日举行所谓猫祭,将活猫从礼拜堂塔顶掷下,意在表示异端外道就此都废弃了。猫是与古代女神弗赖耶有系属的,据说女神尝跟着军队,坐了用许多猫

拉着的车子。书上说现在伊不勒思尚留有遗址,原是献给一个女神的庙宇。"第二章《猫与巫》中又云:

"猫在欧洲当作家畜,其事当直在母权社会的时代。猫是巫的部属,其关系极密切,所以巫能化猫,而猫有时亦能幻作巫形。兔子也有同样的情形,这曾被叫作草猫的。德国有俗谚云,猫活到二十岁便变成巫,巫活到一百岁时又变成一只猫。

一五八四年出版的巴耳温的《留心猫儿》中有这样的话,巫是被许可九次把她自己化为猫身。《罗米欧与朱丽叶》中谛巴耳特说,你要我什么呢?麦邱细阿答说,美猫王,我只要你九条性命之一而已。据英法人说,女人同猫一样也有九条性命,但在格伦绥则云那老太太有六条性命正如一只黑猫。

又有俗谚云,猫有九条性命,而女人有九只猫的性命(案此即八十一条性命矣)。

巫可以变化为猫或兔,十七世纪的知识阶级还都相信这是可能的事。"

烧猫的习俗,茀来则博士(J. C. Frazer)自然知道得最多,可惜我只有一册节本的《金枝》(The Golden Bough),只可简单的抄几句。在六十四章《火里烧人》中云:

"在法国阿耳登思省,四旬斋的第一星期日,猫被扔到火堆里去,有时候残酷稍为醇化了,便将猫用长竿挂在火上,活活的烤死。他们说,猫是魔鬼的代表,无论怎么受苦都不冤枉。"他又解释烧诸动物的理由云:

"我们可以推想,这些动物大约都被算作受了魔法的咒力的,或者实在就是男女巫,他们把自己变成兽形,想去进行他们的鬼计,损害人类的福利。这个推测可以证实,只看在近代火堆里常被烧死的牺牲是猫,而这猫正是据说巫所最喜变的东西,或者除了兔以外。"

这样大抵可以说明老姨与猫的关系。总之老姨是巫无疑了,猫是她的不可分的系属物。理论应该是老姨她自己变了猫去作怪,被一箭射中猫肩,后来却发现这箭是在她的身上。如散茂斯(M. Summers)在所著《僵尸》(The Vampire,1928)第三章《僵尸的特性及其习惯》中云:

"这是在各国妖巫审问案件中常见的事,有巫变形为猫或兔或别的动物,在兽形时遇着危险或是受了损伤,则回复原形之后在他的人身上也有着同样的伤或别的损害。"这位散茂斯先生著作颇多,此外我还有他的名著《变狼人》《巫术的历史》与《巫术的地理》,就只可惜他是相信世上有巫术的,这又是非圣无法故该死的,因此我有点不大敢请教,虽然这些题目都颇珍奇,也是我所想知道的事。吉忒勒其教授(G. L. Kittredge)的《旧新英伦之巫术》(*The Witch-craft in Old and New England*,1929)第十章《变形》中亦云:

"关于猫巫在兽形时受害,在其原形受有同样的伤,有无数的近代的例证。"在小注中列举书名出处甚多。吉忒勒其曾编订英国古民谣为我所记忆,今此书亦是我爱读的,其小序中有小节云:

"有见于近时所出讲巫术的诸书,似应慎重一点在此声明,我并不相信黑术(案即害他的巫术),或有魔鬼干预活人的日常生活。"由是可知他的态度是与《僵尸》的著者相反的,我很有同感,可是文献上的考据还是一样,盖档案与大众信心固是如此,所谓泰山可移而此案难翻者也。

话又说回来,老姨却并不曾变猫,所以不是属于这一部类的。这头猫在老姨只是一种使,或者可称为鬼使(familiar spirit)。茂来女士(M. A. Murray)于一九二一年著《西欧的巫教》(*Tlie Witch-cult in Western Europe*),辨明所谓巫术实是古代的原始宗教之余留,也是我所尊重的一部书,其第八章论《使与变形》是最有价值的论断。据她在这里说:

"苏格兰法律家福布斯说过,魔鬼对于他们给与些小鬼,以通信息,或供使令,都称作古怪名字,叫着时它们就答应。这些小鬼放在瓦罐或是别的器具里。"大抵使有两种,一云占卜使,即以通信息,犹中国的樟柳神,一云畜养使,即以供使令,犹如蛊也。书中又云:

"畜养使平常总是一种小动物,特别用面包牛乳和人血喂养,又如福布斯所云,放在木匣或瓦罐里,底垫羊毛。这可以用了去对于别人的身体或财产使行法术,却决不用以占卜。吉法特在十六世纪时记述普通一般的所信云:巫有她们的鬼使,有的只一个,有的更多,自二以至四五,形状各不相同,或像猫,黄鼠狼，癞蛤蟆，或小老鼠，这些她们都用牛乳或小鸡喂养，或者有时候让它们吸一点血喝。

在早先的审问案件里巫女招承自刺手或脸，将流出来的血滴给鬼使吃。但是在后来的案件里这便转变成鬼使自己喝巫女的血，所以在英国巫女算作特色的那穴乳（案即赘疣似的多余的乳头）普通都相信就是这样舔吮而成的。"吉忒勒其教授云：

"一五五六年在千斯福特举行的伊里查白时代巫女大审问的第一案里，猫就是鬼使。这是一头白地有斑的猫，名叫撒旦，喝血吃。"恰好在茂来女士书里有较详的记载，我们能够知道这猫本来是法兰色斯从祖母得来的，后来她自己养了十五六年，又送给一位老太太华德好司，再养了九年，这才破案。因为本来是小鬼之流，所以又会转变，如那头猫后来就化为一只癞蛤蟆了。法庭记录（见茂来书中）说：

"据该妪华德好司供，伊将该猫化为蟾蜍，系因当初伊用瓦罐中垫羊毛养放该猫，历时甚久，嗣因贫穷不能得羊毛，伊遂用圣父圣子圣灵之名祷告愿其化为蟾蜍，于是该猫化为蟾蜍，养放罐中，不用羊毛。"这是一个理想的好例，所以大家都首先援引，此外鬼使作猫形的还不少，茂来女士书中云：

"一六二一年在福斯东地方扰害费厄法克思家的巫女中，有五人都有畜养使的。惠忒的是一个怪相的东西，有许多只脚，黑色，粗毛，像猫一样大。惠忒的女儿有一鬼使，是一只猫，白地黑斑，名叫印及思。狄勃耳有一大黑猫，名及勃，已经跟了她有四十年以上了。她的女儿所有鬼使是鸟形的，黄色，大如鸦，名曰嗝嗯。狄更生的鬼使形如白猫，名菲利，已养了有二十年。"由此可知猫的地位在那里是多么高的了。吉忒勒其教授书中（仍是第十章）又云：

"驯养的乡村的猫，在现今流行的迷信里，还保存着好些它的魔性。猫会得吸睡着的小孩的气，这个意见在旧的和新的英伦（案即英美两国）仍是很普遍。又有一种很普遍的思想，说不可令猫近死尸，否则会把尸首毁伤。这在我们本国（案即美国）变成了一种高明的说法，云：勿使猫近死人，怕它会捕去死者的灵魂。我们记得，灵魂常从睡着的人的嘴里爬出来，变成小老鼠的模样！"讲到这里我们可以知道老姨的猫是属于这一类的畜养使,无论是鬼王派遣来,或是养久成了精,总之都是供老姨的使令用的,所以跨了当马骑正是当然的事。到了后来时不利兮骓不逝,主人无端中了流矢,猫也就殉了义,老姨一案遂与普通巫女一样的结局了。

我听人家所讲猫的故事里,还有一件很有意思的,即是猫替猴子伸手到火炉里抓煨栗子吃,觉得十分好玩,想拿来做文章的主题,可是末了终于决定借用这老姨的猫。为什么呢?这件故事很有意思,因为这与中国的巫蛊和欧洲的巫术都有关系,虽然原只是一篇志异的小说。以汉朝为中心的巫蛊事情我很想知道,如上边所已说过,只是尚无这个机缘,所以我在几本书上得来的一点知识单是关于巫术的。那些巫,马披,沙满,药师等的哲学与科学,在我都颇有兴趣而且稍能理解,其荒唐处固自言之成理,亦复别有成就,克拉克教授在《西欧的巫教》附录中论一女所用飞行药膏的成分,便是很有趣的一例。其结论云:

"我不能说是否其中那一种药会发生飞行的感觉,但这里使用乌头(aconite)我觉得很有意思。睡着的人的心脏动作不匀使人感觉突然从空中下坠,今将用了使人昏迷的莨菪与使心脏动作不匀的乌头配合成剂,令服用者引起飞行的感觉,似是很可能的事。"这样戳穿西洋镜似乎有点杀风景,不如戈耶所画老少二女自身跨一扫帚飞过空中的好,我当然也很爱好这西班牙大匠的画;但是我也很喜欢知道这三个药方,有如打听得祝由科的几门手法或会党的几句口号,虽不敢妄希仙人的他心通,唯能多察知一点人情物理,亦是很大的喜悦。茂来女士更证明中古巫术原是原始的地亚那教(Diana-Cult)之留遗,其男神名地亚奴思,亦名耶奴思(Janus),古罗马称正月即从此神名衍出,通行至今,女神地亚那之徒即所谓巫,其仪式乃发生繁殖的法术也。虽然我并不喜欢吃菜事魔,自然更没有骑扫帚的兴趣,但对于他们鬼鬼祟祟的花样却不无同情,深觉得宗教审问院的那些拷打杀戮大可不必。多年前我读英国克洛特(E. Clodd)的《进化论之先驱》与勒吉(W. E. H. Lecky)的《欧洲唯理思想史》,才对于中古的巫术案觉得有注意的价值,就能力所及略为涉猎,一面对那时政教的权威很生反感,一面也深感危惧,看了心惊眼跳,不能有隔岸观火之乐,盖人类原是一个,我们也有文字狱思想狱,这与巫术案本是同一类也。欧洲的巫术案,中国的文字狱思想狱,都是我所怕却也就常还想(虽然想了自然又怕)的东西,往往互相牵引连带着,这几乎成了我精神上的压迫之一。想写猫的文章,第一挑到老姨,就是为这缘故。该姨的确是个老巫,论理是应该重办的,幸而在中国偶得免肆诸市朝,真是很难得的,但是拿来与西洋的巫术比较了看也仍是极有意思的事。中国所重的文字狱思想狱是儒教的——基督教的教士敬事上帝,异端皆非圣无法,儒教的文士谄事主君,犯上即大逆不道,其原因有宗教与政治之不同,故其一可以随时代过去,其一则不可也。我们今日且谈巫术,论老姨与猫,若文字狱等亦是很好题目,容日后再谈,盖其事言之长矣。

民国二十六年一月二十六日于北平。

(附记)

黄汉《猫苑》卷下,引《夜谈随录》,云有李侍郎从苗疆携一苗婆归,年久老病,尝养一猫酷爱之,后为夜星子,与原书不合,不知何所本,疑未可凭信。

(1937年1月作,选自《秉烛谈》)

① 周作人在晚年写给友人的信中,谈到有意借鉴"英法两国似的随笔"。使中国的散文"性质转为多样",并表示重读"旧的文集",见《赋得猫》等篇,"至今还是喜爱"。

② 在此之前,11月15日给俞平伯的信中,还有"想写一依关于猫的小文,搁在心上已久,尚未能下笔,实因还未想熟(有如煮熟)也"等语。

③ 2月25日信中,在此句以下还有一句:"世事愈恶,愈写下进文中去(或反而走在闲适一路),于今顾觉得旧诗人作中少见乱离之远亦是难怪也。"

阿长与《山海经》①

长妈妈,已经说过,是一个一向带领着我的女工,说得阔气一点,就是我的保姆。我的母亲和许多别的人都这样称呼她,似乎略带些客气的意思。只有祖母叫她阿长。我平时叫她"阿妈",连"长"字也不带;但到憎恶她的时候,——例如知道了谋死我那隐鼠的却是她的时候,就叫她阿长②。

我们那里没有姓长的;她生得黄胖而矮,"长"也不是形容词。又不是她的名字,记得她自己说过,她的名字是叫作什么姑娘的。什么姑娘,我现在已经忘却了,总之不是长姑娘;也终于不知道她姓什么。记得她也曾告诉过我这个名称的来历:先前的先前,我家有一个女工,身材生得很高大,这就是真阿长。后来她回去了,我那什么姑娘才来补她的缺,然而大家因为叫惯了,没有再改口,于是她从此也就成为长妈妈了③。

虽然背地里说人长短不是好事情,但倘使要我说句真心话,我可只得说:我实在不大

① 为何不说"长妈妈与《山海经》"或"阿长和《山海经》"?

② 没有华丽的辞藻,没有跳跃的文句,没有刁钻的角度,但别有一种吸引人的力量,朴实美,真诚美,自信美。

③ 封建礼制下,劳动人民是不配有自己的名字的。

佩服她。最讨厌的是常喜欢切切察察,向人们低声絮说些什么事,还竖起第二个手指,在空中上下摇动,或者点着对手或自己的鼻尖④。我的家里一有些小风波,不知怎的我总疑心和这"切切察察"有些关系。又不许我走动,拔一株草,翻一块石头,就说我顽皮,要告诉我的母亲去了。一到夏天,睡觉时她又伸开两脚两手,在床中间摆成一个"大"字,挤得我没有余地翻身,久睡在一角的席子上,又已经烤得那么热。推她呢,不动;叫她呢,也不闻⑤。

"长妈妈生得那么胖,一定很怕热罢?晚上的睡相,怕不见得很好罢?……"⑥

母亲听到我多回诉苦之后,曾经这样地问过她⑦。我也知道这意思是要她多给我一些空席⑧。她不开口⑨。但到夜里,我热得醒来的时候,却仍然⑩看见满床摆着一个"大"字,一条臂膊还搁在我的颈子上⑪。我想,这实在是无法可想了⑫。

但是⑬她懂得许多规矩;这些规矩,也大概是我所不耐烦的。一年中最高兴的时节,自然要数除夕了。辞岁之后,从长辈得到压岁钱,红纸包着,放在枕边,只要过一宵,便可以随意使用。睡在枕上,看着红包,想到明天买来的小鼓,刀枪,泥人,糖菩萨……。然而她进来,

④ 劳动妇女的习惯。

⑤ 从儿童的视角来写,材料充实,不浮泛,所以读来很生动、亲切、形象。
⑥ 问话带有现场感,像是电影特写,使读者如耳闻目见,同时也活跃了文气。
⑦ 善良的母亲。
⑧ 迅哥儿打小就聪颖。
⑨ 开口就要表态,表态又做不到,所以干脆不开口。
⑩ 读得出无奈。
⑪ 白天劳作太累了吧,她并非故意的。
⑫ 真的无法可想了吗?这几句组织巧妙,详略得当。
⑬ 注意这一次转折,前面是贬低,转折过后该是褒扬了吧,谁知接着还是贬抑。

又将一个福橘放在床头了⑭。

"哥儿,你牢牢记住!"她极其⑮郑重地说。"明天是正月初一,清早一睁开眼睛,第一句话就得对我说:'阿妈,恭喜恭喜!'记得么?你要记着,这是一年的运气的事情。不许说别的话!说过之后,还得吃一点福橘。"她又拿起那橘子来在我的眼前摇了两摇,"那么,一年到头,顺顺流流……。"⑯

梦里也记得元旦的,第二天醒得特别早,一醒,就要坐起来。她却立刻伸出臂膊,一把将我按住。我惊异地看她时,只见她惶急地看着我⑰。

她又有所要求似的,摇着我的肩。我忽而记得了⑱——

"阿妈,恭喜……。"

"恭喜恭喜!大家恭喜!真聪明!恭喜恭喜!"她于是十分欢喜似的,笑将起来,同时将一点冰冷的东西,塞在我的嘴里。我大吃一惊之后,也就忽而记得,这就是所谓福橘,元旦辟头的磨难,总算已经受完,可以下床玩耍去了。

她教给我的道理还很多,例如说人死了,不该说死掉,必须说"老掉了";死了人,生了孩子的屋子里,不应该走进去;饭粒落在地上,必须拣起来,最好是吃下去;晒裤子用的竹竿底

⑭ 笔法一流:收缩自如,有童趣,有波折。
⑮ 程度之深。

⑯ 普普通通的话,被鲁迅调度得一波三折,有声有色,如在眼前。

⑰ 还是儿童的视角、心理。

⑱ 有张有弛。

下,是万不可钻过去的……。此外,现在大抵忘却了,只有元旦的古怪仪式记得最清楚。总之:都是些烦琐之至,至今想起来还觉得非常麻烦的事情⑲。

然而⑳我有一时也对她发生过空前的敬意。她常常对我讲"长毛"。她之所谓"长毛"者,不但洪秀全军,似乎连后来一切土匪强盗都在内,但除却革命党,因为那时还没有㉑。她说的长毛非常可怕,他们的话就听不懂㉒。她说先前长毛进城的时候,我家全都逃到海边去了,只留一个门房和年老的煮饭老妈子看家。后来长毛果然进门来了,那老妈子便叫他们"大王",——据说对长毛就应该这样叫,——诉说自己的饥饿。长毛笑道:"那么,这东西就给你吃了罢!"将一个圆圆的东西掷了过来,还带着一条小辫子,正是那门房的头。煮饭老妈子从此就骇破了胆,后来一提起,还是立刻面如土色,自己轻轻地拍着胸脯道:"阿呀,骇死我了,骇死我了……。"㉓

我那时似乎倒并不怕,因为我觉得这些事和我毫不相干的,我不是一个门房㉔。但她大概也即觉到了,说道:"像你似的小孩子,长毛也要掳的,掳去做小长毛。还有好看的姑娘,也要掳。"㉕

"那么,你是不要紧的。"我以为她一定最

⑲ 真正的自由是精神上的自由。
⑳ 此处又是一处出乎读者意料的转折。

㉑ 1860年代的农民革命未能长久得到民心,后来其名声反与土匪强盗相同,悲哀。
㉒ 听不懂的话,就带有"可怕"的性质,语言暴力或者说是信息垄断暴力。

㉓ 太平军为何失去民心?此其一。

㉔ 同情、慈悲、恐惧的缘起都是一样的,那就是将心比心。

㉕ 体现出长妈妈的善察人心。

安全了,既不做门房,又不是小孩子,也生得不好看,况且颈子上还有许多灸疮疤㉖。

"那里的话?!"她严肃地说。"我们就没有用么?我们也要被掳去。城外有兵来攻的时候,长毛就叫我们脱下裤子,一排一排地站在城墙上,外面的大炮就放不出来;再要放,就炸了!"㉗

这实在是出于我意想之外的,不能不惊异㉘。我一向只以为她满肚子是麻烦的礼节罢了,却不料她还有这样伟大的神力㉙。从此对于她就有了特别的敬意,似乎实在深不可测;夜间的伸开手脚,占领全床,那当然是情有可原的了,倒应该我退让㉚。

这种敬意,虽然也逐渐淡薄起来,但完全消失,大概是在知道她谋害了我的隐鼠之后。那时就极严重地诘问,而且当面叫她阿长㉛。我想我又不真做小长毛,不去攻城,也不放炮,更不怕炮炸,我惧惮她什么呢㉜!

但当我哀悼隐鼠,给它复仇的时候,一面又在渴慕着绘图的《山海经》㉝了。这渴慕是从一个远房的叔祖惹起来的。他是一个胖胖的,和蔼的老人,爱种一点花木,如珠兰,茉莉之类,还有极其少见的,据说从北边带回去的马缨花。他的太太却正相反,什么也莫名其妙,曾将晒衣服的竹竿搁在珠兰的枝条上,枝折

㉖ 孩子的思维,如实写来,别有一番风味。

㉗ 这段话表现了阿长的愚昧无知。

㉘ 为何双重否定?

㉙ 神力其实非此,后文才是正解。

㉚ 大开大合,伏线千里,照应自如。

㉛ 孩子气还是以直报怨?

㉜ 仍是儿童思维,难得的是没有一刻脱离儿童视角。

㉝ 本文的另一个"主角"登场了。

了,还要愤愤地咒骂道:"死尸!"这老人是个寂寞者,因为无人可谈,就很爱和孩子们往来,有时简直称我们为"小友"㉞。在我们聚族而居的宅子里,只有他书多,而且特别㉟。制艺和试帖诗,自然也是有的;但我却只在他的书斋里,看见过陆玑的《毛诗草木鸟兽虫鱼疏》,还有许多名目很生的书籍。我那时最爱看的是《花镜》,上面有许多图。他说给我听,曾经有过一部绘图的《山海经》,画着人面的兽,九头的蛇,三脚的鸟,生着翅膀的人,没有头而以两乳当作眼睛的怪物,……可惜现在不知道放在那里了㊱。

㉞ 把孩子们当成了朋友。
㉟ 藏书多不见得读书也多。其实读借来的或书店待卖的书,最为过瘾。

我很愿意看看这样的图画,但不好意思力逼他去寻找,他是很疏懒的。问别人呢,谁也不肯真实地回答我㊲。压岁钱还有几百文,买罢,又没有好机会㊳。有书买的大街离我家远得很,我一年中只能在正月间去玩一趟,那时候,两家书店都紧紧地关着门㊴。

㊱ 写文章的时候鲁迅肯定知道是什么名目了,但此处就是不说,用儿童视角写。注意写作技法(省略号加得极妙,奇妙的吸引、无比的失落都在其中)。

玩的时候倒是没有什么的,但一坐下,我就记得绘图的《山海经》㊵。

㊲ 别人未必没有真实地回答过。
㊳ 人生"三恨":有钱买不到书,有书时没空读,想读书时没钱买。
㊴ "紧紧地"用得好。

大概是太过于念念不忘了,连阿长也来问《山海经》是怎么一回事㊶。这是我向来没有和她说过的,我知道她并非学者,说了也无益;但既然来问,也就都对她说了㊷。

㊵ 对知识的渴求是游戏代替不了的,一把钥匙开一把锁。
㊶ 善解人意的长妈妈。

过了十多天,或者一个月罢,我还记得,是她告假回家以后的四五天,她穿着新的蓝布衫

㊷ 该多说一句话时就不要惜言,往往你不抱希望的人能够帮你实现愿望。

回来了㊸。一见面，就将一包书递给我，高兴地说道：

㊸"新的蓝布衫"这一细节让人感动，表明她对新生活还有希望。

"哥儿，有画儿的'三哼经'㊹，我给你买来了！"

㊹ 如果直写《山海经》，感人的力量就减弱了。

我似乎遇着了一个霹雳，全体都震悚起来；赶紧去接过来，打开纸包，是四本小小的书，略略一翻，人面的兽，九头的蛇，……果然都在内㊺。

㊺ 劳动人民的朴实情感闪着金光（还是要注意省略号的使用）。

这又使我发生新的敬意了，别人不肯做，或不能做的事，她却能够做成功。她确有伟大的神力㊻。谋害隐鼠的怨恨，从此完全消灭了㊼。

㊻ 神力在此！

㊼ 与《狗·猫·鼠》形成连环格。

这四本书，乃是我最初得到，最为心爱的宝书㊽。

㊽ 为何居"最"？独句成段，注意构段方法。

书的模样，到现在还在眼前㊾。可是从还在眼前的模样来说，却是一部刻印都十分粗拙的本子。纸张很黄；图像也很坏，甚至于几乎全用直线凑合，连动物的眼睛也都是长方形的。但那是我最为心爱的宝书㊿，看起来，确是人面的兽；九头的蛇；一脚的牛；袋子似的帝江；没有头而"以乳为目，以脐为口"，还要"执干戚而舞"的刑天(51)。

㊾ 不是最难得之货，而是长妈妈仗义施助的精神可贵。

㊿ 原因同前。再作强调以示对长妈妈的感激。

(51) 注意骈散结合的句法，注意仍然不全部说出各种怪异生物的名字。

此后我就更其搜集绘图的书，于是有了石印的《尔雅音图》和《毛诗品物图考》，又有了《点石斋丛画》和《诗画舫》。《山海经》也另买了一部石印的,每卷都有图赞,绿色的画,字是红的,比那木刻的精致得多了。这一部直到前年还在,是缩印的郝懿行疏。木刻的却已经记不清是什么时候失掉了㉜。

我的保姆,长妈妈㉝即阿长,辞了这人世,大概也有了三十年了罢㉞。我终于㉟不知道她的姓名,她的经历;仅知道有一个过继的儿子,她大约是青年守寡的孤孀㊱。

仁厚黑暗的地母呵,愿在你怀里永安她的魂灵㊲!

㉜ 说明了长妈妈那本书的启蒙作用。
㉝ 此处宜停顿。
㉞ 一句一顿,沉痛。
㉟ 注意这个极富有延展性的词语,是不是经过了长久的查访和探寻?
㊱ 悲苦的劳动妇女,令读者想起长妈妈从家穿来的"新的蓝布衫",以及长妈妈的那些规矩,那些希望得到好兆头的规矩。在苦难面前,长妈妈这些底层劳动者依然对新生活充满希望。
㊲ 少有的祝语,令人震撼。长妈妈跟艾青笔下的"大堰河"形象有神似之处。

三月十日。

【尾评】

《阿长与〈山海经〉》是一个爱与成长的故事。

阿长是一个朴实地道的乡下农村妇女。在这篇文章中,鲁迅回忆儿时的保姆,开始时做了大量的铺垫,写到她不讨小孩喜欢的各种逸事和特点,如平时喜欢切切察察,看管小孩又很死板,睡相难看,迷信又古板,总之不懂小孩心理。但是童年鲁迅对她又不到讨厌的程度,这里面有大量的共同生活的点滴,有些甚是可爱。我猜想鲁迅写着这些的时候一定是佯装无奈,其实满满的怀念。写到阿长害死了他心爱的小宠物,他有点愤慨,然而这点愤慨也不长久,小孩子的心哪里记仇。很快他就被一本插图画本《山海经》吸引去了,心心念念很久,求之不得。直到阿长突然把这本书送到跟前。至此,阿长在鲁迅的内心深处留下了深深的感动。一个小孩最初的梦与渴望,被一个普通的不能再普通,没有什么地位的乡下女人,这样笨拙地、不遗细小地维护着,爱惜着,一定会使人产生生命里最原始的感动。一个人一生中会碰到很多人,但恰恰是像阿长这样的普通人,在一个孩子的生命中留下这样的爱护,才是最珍贵的。

  读鲁迅先生的文章,是需要思考的。在读鲁迅先生文章的时候常常需要思考:这段文字表达的真的就是它表面上的意思吗?说不定,它背后有一种截然不同的深刻意义。

  作者一开始对阿长是极其厌烦的,可是到了写《朝花夕拾》那会儿(即使没有晚到那时候,也应该在大约三四十岁时),反而感谢、怀念起了阿长——因为他的阅历增加了,他的心灵成长了,自然就体会到了阿长不算好看的相貌之下,隐藏着一颗美好的心。在这个过程中,他也一直在思考,最终发现,儿时的记忆,其实充满了爱。

  原来所谓成长,就是当时觉得理直气壮的事,回忆起来却有了新的看法,新的感受。

  所以鲁迅写《朝花夕拾》的真正目的,不仅是怀念儿时的生活,更是要播撒这种美好的能量。

  鲁迅先生给文章取名总是很巧妙,比如《朝花夕拾》作为散文合集的名字,抒情之风溢于言表,光从名字上看就可见得文风既优美又朴实,但又不仅如此,一个"拾"字令人对其间的议论也不为怪;而又如《狗·猫·鼠》,将三个意象罗列,令人浮想联翩,这三者有何种联系?文章究竟讲了三者间怎样的故事呢?待读完,又深觉文章名之深意。

  所以看到《阿长与〈山海经〉》时,我不免也会思考,究竟为何要将这两个看似毫不相关的对象联系起来呢?一个是封建粗鄙的乡下人,一个是蕴含万象的文人读物,却以一个"与"字连接,不免生硬。

  读完故事的你和我,大概都有了答案。散文的后半部分,正好解决了这样的一个疑问。鲁迅童年苦寻不得的《山海经》正是由长妈妈带来的。文章中提到"这又使我发生新的敬意了,别人不肯做,或不能做的事,她却能够做成功。她确有伟大的神力",这种"新的敬意"与之前听长妈妈讲述"长毛"的故事时提到的"伟大的神力"所不同,是因为"我"感知到了长妈妈的慈爱而产生的,是由心而发的真情实感。所以阿长与《山海经》有了联系,在鲁迅的回忆里有了密切又无法抹去的联系。

但同时,他们二者依旧是对立的。我觉得很神奇的地方就在于这一个"与"字,为什么这么说呢?"与"作为连词,本意为"和、跟"的意思,其作用也就是将二者联系起来,无关乎二者的性质是否相同。而正是因为阿长和《山海经》的特质,读到这个"与"字时让人有种心领神会之感。

当两个处于对立面或是看上去毫无联系的人或物发生碰撞时,很可能会产生出意想不到的火花,就如我们年少时所经历过的那些隐藏于误会中的亲情、友情,就如我们儿时从祖父母口中听得的离奇的故事,它们饱含着回忆同时也赋予了回忆独特的味道。

人这一生有很多感情,或思念,或遗憾,或欣喜,或悲伤,而这些都值得去留藏,即便不是用书写的方式记录,它也会存在我们的记忆中。记忆的美好不用太多言说,但单从人生的遗憾来看,只有去理解,用一颗宽容的心去理解才能让回忆更好留存。愿你在纷杂的世界里怀有一颗理解的心,留存属于你的温柔回忆!

不少名家也在小说或散文中写过保姆的形象,我们可以对比阅读,好好感悟。推荐如下一些书或文中的保姆:林海音《城南旧事》中的宋妈,木心《寿衣》中的陈妈,白先勇《玉卿嫂》中的玉卿嫂,金庸《月云》中的月云,艾青《大堰河——我的保姆》中的大堰河。

【比较阅读】

阿长的结局

周作人

顺便来一讲阿长的死吧。长妈妈只是许多旧式女人中的一个,做了一辈子的老妈子(乡下叫作"做妈妈")。平常也不回家一直到了临死;或者就死在主人家里。

她的故事详细的写在《朝花夕拾》的头两篇里,差不多已经因了《山海经》而可以不朽了,那里的缺点是没有说到她的下落,在末后一节里说:

"我的保姆,长妈妈即阿长,辞了这人世,大概也有了三十年了吧。我终于不知道她的姓名,她的经历;仅知道有一个过继的儿子,她大约是青年守寡的孤孀。"

这篇文章是一九二六年所写的,阿长死于光绪己亥即一八九九年,年代也差不多,那时我在乡下。在日记上查到一两项,可以拿来补充一下。

戊戌(一八九八)年闰三月十一日,鲁迅离家往南京进学堂去。

同年十一月初八日,四弟椿寿以急性肺炎病故,年六岁。

这在伯宜公去世后才二年,鲁老太太的感伤是可以想象得来的,她叫木匠把隔壁向南挪动,将朝北的后房改作卧室,前房堆放什物,不再进去,一面却叫画师凭空画了一幅小孩的小像,挂在房里。

本家的远房妯娌有谦少奶奶,平常同她很谈得来,便来劝慰,可以时常出去看戏排遣。

那时只有社戏,雇船可以去看。

在日记上己亥三月十三日项下云,"晨乘舟至偏门外看会,下午看戏,十四日早回家。"

又四月中云:

"初五日晨,同朱小云兄,子衡伯执叔,利宾兄下舟,往夹塘看戏,半安吉庆班,半夜大雨。初六日雨中放舟至大树港看戏,鸿寿堂徽班,长妈妈发病,辰刻身故,原船送去。"

长妈妈夫家姓余,过继的儿子名五九,是做裁缝的,家住东浦大门溇,与大树港相去不远。

那船是一只顶大的"四明瓦",撑去给她办了几天丧事,大概很花了些钱。

日记十一月廿五日项下云,"五九来,付洋二十元,伊送大鲢鱼一条,算鱼七条。"他是来结算长妈妈的工钱来的,至于一总共付多少,前后日记有断缺,所以说不清楚了。

关于前回的事，还有补充说明之必要。

那一次看戏接连两天，共有两只大船，男人的一只里的人名已见于日记，那女人坐的一只船还要大些，鲁老太太之外，有谦少奶奶和她的姑蓝太太，她家的茹妈及其女毛姑，蓝太太的内侄女。

《朝花夕拾》中曾说及一个远房的叔祖，他是一个胖胖的，和蔼的老人，爱种一点花木，他的太太却正相反，什么也莫名其妙，曾将晒衣服的竹竿搁在珠兰的枝条上，枝折了，还要愤愤地咒骂道，"这死尸！"

所说的老人乃是仁房的兆蓝，字玉田，蓝太太即是他的夫人，母家丁家衖朱姓，大儿子小名曰谦，字伯，谦少奶奶的母家姓赵，是观音桥的大族，到那时却早已败落了。

她因为和鲁老太太很要好，所以便来给鲁迅做媒，要把蓝太太的内侄孙女许给他，那朱小云即是后来的朱夫人的兄弟。

长妈妈本来是可以不必去的，反正她不能做什么事，鲁老太太也并不当做用人看待，这回请她来还是有点优待的意思，虽然这种戏文她未必要看。

她那时年纪大概也并不怎么大，推想总在五十六十之间吧，平常她有羊癫病即是癫痫，有时要发作，第一次看见了很怕，但是不久就会复原，也都"司空见惯"，不以为意了。

不意那天上午在大雨中，她又忽然发作，大家让她躺倒在中舱船板上，等她恢复过来，可是她对了鲁老太太含糊的说了一句，"奶奶，我弗对者！"以后就不再作声，看看真是有点不对了。

大树港是传说上有名的地方，据说小康王被金兵追赶，逃到这里，只见前无去路，正在着急，忽然一棵大树倒了下来，做成桥梁，让他过去，后来这树不知是又复直起，还是掉下水去了。

那一天舱位宽畅，戏班又好，大家正预备畅看的时候，想不到这样一来，于是大船的女客只好都归并到这边来，既然拥挤不堪，又都十分扫兴，无心再看好戏，只希望它早点做完，船只可以松动，各自回家，经过这次事件之后，虽然不见得再会有人发羊癫病，但开船看戏却差不多自此中止了。

《二十四孝图》

我总要上下四方寻求,得到一种最黑,最黑,最黑的咒文,先来诅咒一切反对白话,妨害白话者。即使人死了真有灵魂,因这最恶的心,应该堕入地狱,也将决不改悔,总要先来诅咒一切反对白话,妨害白话者①。

① 开宗明义,见决心之坚定。

自从所谓"文学革命"以来,供给孩子的书籍,和欧,美,日本的一比较,虽然很可怜,但总算有图有说,只要能读下去,就可以懂得的了。可是一班别有心肠②的人们,便竭力来阻遏它,要使孩子的世界中,没有一丝乐趣。北京现在常用"马虎子"这一句话来恐吓孩子们。或者说,那就是《开河记》上所载的,给隋炀帝开河,蒸死小儿的麻叔谋;正确地写起来,须是"麻胡子"。那么,这麻叔谋乃是胡人了。但无论他是甚么人,他的吃小孩究竟也还有限,不过尽他的一生。妨害白话者的流毒却甚于洪水猛兽,非常广大,也非常长久,能使全中国化成一个麻胡,凡有孩子都死在他肚子里③。

② 为何是"别有心肠"?

③ 此处"白话"指代的是新思想,"反对白话"其实是意在复古,坚持旧的伦理道德。

只要对于白话来加以谋害者,都应该

灭亡④！

　　这些话，绅士们自然难免要掩住耳朵的，因为就是所谓"跳到半天空，骂得体无完肤，——还不肯罢休。"而且文士们一定也要骂，以为大悖于"文格"，亦即大损于"人格"。岂不是"言者心声也"么？"文"和"人"当然是相关的，虽然人间世本来千奇百怪，教授们中也有"不尊敬"作者的人格而不能"不说他的小说好"⑤的特别种族。但这些我都不管，因为我幸而还没有爬上"象牙之塔"去，正无须怎样小心。倘若无意中竟已撞上了，那就即刻跌下来罢⑥。然而在跌下来的中途，当还未到地之前，还要说一遍：

　　只要对于白话来加以谋害者，都应该灭亡⑦！

　　（编者注：下文开始细致讲解儿童学习和生活，回应第一段第二段。其思想理路或者可以参见《狂人日记》"救救孩子"的呼喊。）

　　每看见小学生欢天喜地地看着一本粗拙的《儿童世界》之类，另想到别国的儿童用书的精美，自然要觉得中国儿童的可怜⑧。但回忆起我和我的同窗小友的童年，却不能不以为他幸福，给我们的永逝的韶光一个悲哀的吊唁。我们那时有什么可看呢，只要略有图画的本子，就要被塾师，就是当时的"引导青年的前

④ 作者诅咒和反对的其实是提倡复古，坚持旧伦理道德的倾向。

⑤ 闲笔抨击，鲁迅惯用此手法。

⑥ 注意"撞、即刻"两词。

⑦ 反复手法的使用，可见恨之切。

⑧ 非是仁者安能虑此。

辈"禁止,呵斥,甚而至于打手心⑨。我的小同学因为专读"人之初性本善"读得要枯燥而死了,只好偷偷地翻开第一叶,看那题着"文星高照"四个字的恶鬼一般的魁星像,来满足他幼稚的爱美的天性。昨天看这个,今天也看这个,然而他们的眼睛里还闪出苏醒和欢喜的光辉来。

在书塾之外,禁令可比较的宽了,但这是说自己的事,各人大概不一样。我能在大众面前,冠冕堂皇地阅看的,是《文昌帝君阴骘文图说》和《玉历钞传》,都画着冥冥之中赏善罚恶的故事,雷公电母站在云中,牛头马面布满地下,不但"跳到半天空"是触犯天条的,即使半语不合,一念偶差,也都得受相当的报应。这所报的也并非"睚眦之怨",因为那地方是鬼神为君,"公理"作宰,请酒下跪,全都无功,简直是无法可想。在中国的天地间,不但做人,便是做鬼,也艰难极了。然而究竟很有比阳间更好的处所:无所谓"绅士",也没有"流言"⑩。

阴间,倘要稳妥,是颂扬不得的。尤其是常常好弄笔墨的人,在现在的中国,流言的治下,而又大谈"言行一致"的时候。前车可鉴,听说阿尔志跋绥夫曾答一个少女的质问说,"惟有在人生的事实这本身中寻出欢喜者,可以活下去。倘若在那里什么也不见,他们其实

⑨ 我们小时候也如此吧,可见流毒之远。

⑩ 再次顺便讽刺。

倒不如死。"于是乎有一个叫作密哈罗夫的,寄信嘲骂他道,"……所以我完全诚实地劝你自杀来祸福你自己的生命,因为这第一是合于逻辑,第二是你的言语和行为不至于背驰。"

其实这论法就是谋杀,他就这样地在他的人生中寻出欢喜来。阿尔志跋绥夫只发了一大通牢骚,没有自杀。密哈罗夫先生后来不知道怎样,这一个欢喜失掉了,或者另外又寻到了"什么"了罢。诚然,"这些时候,勇敢,是安稳的;情热,是毫无危险的。"

然而,对于阴间,我终于已经颂扬过了,无法追改;虽有"言行不符"之嫌,但确没有受过阎王或小鬼的半文津贴,则差可以自解⑪。总而言之,还是仍然写下去罢:

⑪ 以上几段足可以看出《朝花夕拾》不是仅写给孩子看的书。

我所看的那些阴间的图画,都是家藏的老书,并非我所专有。我所收得的最先的画图本子,是一位长辈的赠品:《二十四孝图》。这虽然不过薄薄的一本书,但是下图上说,鬼少人多,又为我一人所独有,使我高兴极了。那里面的故事,似乎是谁都知道的;便是不识字的人,例如阿长,也只要一看图画便能够滔滔地讲出这一段的事迹。但是,我于高兴之余,接着就是扫兴,因为我请人讲完了二十四个故事之后,才知道"孝"有如此之难,对于先前痴心妄想,想做孝子的计划,完全绝望了。

"人之初，性本善"么？这并非现在要加研究的问题。但我还依稀记得，我幼小时候实未尝蓄意忤逆，对于父母，倒是极愿意孝顺的。不过年幼无知，只用了私见来解释"孝顺"的做法，以为无非是"听话"，"从命"，以及长大之后，给年老的父母好好地吃饭罢了。自从得了这一本孝子的教科书以后，才知道并不然，而且还要难到几十几百倍。其中自然也有可以勉力仿效的，如"子路负米"，"黄香扇枕"之类。"陆绩怀橘"也并不难，只要有阔人请我吃饭。"鲁迅先生作宾客而怀橘乎？"我便跪答云，"吾母性之所爱，欲归以遗母。"阔人大佩服，于是孝子就做稳了，也非常省事。"哭竹生笋"就可疑，怕我的精诚未必会这样感动天地。但是哭不出笋来，还不过抛脸而已，一到"卧冰求鲤"，可就有性命之虞了。我乡的天气是温和的，严冬中，水面也只结一层薄冰，即使孩子的重量怎样小，躺上去，也一定哗喇一声，冰破落水，鲤鱼还不及游过来。自然，必须不顾性命，这才孝感神明，会有出乎意料之外的奇迹，但那时我还小，实在不明白这些⑫。

其中最使我不解，甚至于发生反感的，是"老莱娱亲"和"郭巨埋儿"两件事。

我至今还记得，一个躺在父母跟前的老头子，一个抱在母亲手上的小孩子，是怎样地

⑫ 其实这就像传说、神话一样，只不过通过一个故事表达我们对孝顺者美好的祝愿。

使我发生不同的感想呵。他们一手都拿着"摇咕咚"。这玩意儿确是可爱的,北京称为小鼓,盖即鼗也,朱熹曰:"鼗,小鼓,两旁有耳;持其柄而摇之,则旁耳还自击,"咕咚咕咚地响起来。然而这东西是不该拿在老莱子手里的,他应该扶一枝拐杖。现在这模样,简直是装佯,侮辱了孩子。我没有再看第二回,一到这一叶,便急速地翻过去了。

那时的《二十四孝图》,早已不知去向了,目下所有的只是一本日本小田海僊所画的本子,叙老莱子事云,"行年七十,言不称老,常著五色斑斓之衣,为婴儿戏于亲侧。又常取水上堂,诈跌仆地,作婴儿啼,以娱亲意。"大约旧本也差不多,而招我反感的便是"诈跌"。无论忤逆,无论孝顺,小孩子多不愿意"诈"作,听故事也不喜欢是谣言,这是凡有稍稍留心儿童心理的都知道的。

然而在较古的书上一查,却还不至于如此虚伪。师觉授《孝子传》云,"老莱子……常著斑斓之衣,为亲取饮,上堂脚跌,恐伤父母之心,僵仆为婴儿啼。"(《太平御览》四百十三引)较之今说,似稍近于人情。不知怎地,后之君子却一定要改得他"诈"起来,心里才能舒服。邓伯道弃子救侄,想来也不过"弃"而已矣,昏妄人也必须说他将儿子捆在树上,使他追不上来才肯歇手。正如将"肉麻当作有趣"一般,以不情为伦纪,诬蔑了古人,教坏了后人。老莱子即是一例,道学先生以为他白璧无瑕时,他却已在孩子的心中死掉了。

至于玩着"摇咕咚"的郭巨的儿子,却实在值得同情。他被抱在他母亲的臂膊上,高高兴兴地笑着;他的父亲却正在掘窟窿,要将他埋掉了。说明云,"汉郭巨家贫,有子三岁,母尝减食与之。巨谓妻曰,贫乏不能供母,子又分母之食。盍埋此子?"但是刘向《孝子传》所说,却又有些不同:巨家是富的,他都给了两弟;孩子是才生的,并没有到三岁。结末又大略相像了,"及掘坑二尺,得黄金一釜,上云:天赐郭巨,官不得取,民不得夺!"

我最初实在替这孩子捏一把汗,待到掘出黄金一釜,这才觉得轻松。然而我已经不但自己不敢再想做孝子,并且怕我父亲去做孝子了。家境正在坏下去,常听到父母愁柴米;祖母又老了,倘使我的父亲竟学了郭巨,那么,该埋的不正是我么?如果一丝不走样,也掘出一釜黄金来,那自然是如天之福,但是,那时我虽然年纪小,似乎也明白天下未必有这样的巧事。

现在想起来,实在很觉得傻气。这是因为现在已经知道了这些老玩意,本来谁也不实行。整饬伦纪的文电是常有的,却很少见绅士赤条条地躺在冰上面,将军跳下汽车去负米⑬。何况现在早长大了,看过几部古书,买过几本新书,什么《太平御览》咧,《古孝子传》咧,《人口问题》咧,《节制生育》咧,《二十世纪是儿童的世界》咧,可以抵抗被埋的理由多得很。不过彼一时,此一时,彼时我委实有点害怕:掘好深坑,不见黄金,连"摇咕咚"一同埋下去,盖上土,踏得实实的,又有什么法子可想呢。我想,事情虽然未必实现,但我从此总怕听到我的父母愁穷,怕看见我的白发的祖母,总觉得她是和我不两立,至少,也是一个和我的生命有些妨碍的人。后来这印象日见其淡了,但总有一些留遗,一直到她去世——这大概是送给《二十四孝图》的儒者所万料不到的罢⑭。

⑬ 作为一个教育者,看到此处感到最悲哀的便是明明是启蒙读物,却不去实行或者根本无法实行。

⑭ 收束全篇,可见旧道德教育的失败。回应文章开头对反对白话文者的诅咒。

五月十日。

【尾评】

"孝"是中国传统文化的重要组成部分,也是孩子教育的重点。但对于"孝"的理解,却有不同的版本。

《二十四孝图》是来自民间,又流传于民间的故事和传说,它的原型是元代人郭居敬所辑录的二十四个孝子故事,后来不知道是什么人根据这一辑录做成了《二十四孝图》,在民间有很广泛的影响。正如鲁迅所说:"便是不识字的人,例如阿长,也只要一看图画便能够滔滔地讲出这一段的事迹。"

但它的有些内容却是不符合人的天性的,"我请人讲完了二十四个故事之后,才知道'孝'有如此之难,对于先前的痴心妄想,想做孝子的计划,完全绝望了。"

鲁迅讲了其中的七个故事:"子路负米""黄香扇枕""陆绩怀橘""哭竹生笋""卧冰求鲤""老莱娱亲""郭巨埋儿",一个比一个不近人情。特别是"老莱娱亲"和"郭巨埋儿",简直就是荒谬绝伦,也难怪鲁迅先生在《朝花夕拾·后记》中讲到清光绪年间胡文炳作的《二百卌孝图》序言中说:"……坊间所刻《二十四孝》,善矣。然其中郭巨埋儿一事,揆之天理人情,殊不可以训。……炳窃不自量,妄为编辑。"并将"郭巨埋儿"一图"于我还未出世的前几年,已经删去了"。可见,对《二十四孝图》持反对意见的,远不止鲁迅一个人。

对《二十四孝图》的诠释也逐渐地脱"雅"变"俗",已经远离了儒学"礼教"的固有本义,进而演变成了"礼教"文化的对立面,即变成了营造"国民性"的"旧习"或"庸俗"。

《二十四孝图》只是一个缩影,是鲁迅对不符合儿童天性教育批判的一个由头,他多么希望孩子的世界里能有哪怕一丝的乐趣。

这就是他提倡白话文的理由,也是他在这篇文章开头所写的那段儿童式的诅咒:"我总要上下四方寻求,得到一种最黑,最黑,最黑的咒文,先来诅咒一切反对白话,妨害白话者。即使人死了真有灵魂,因这最恶的心,应该堕入地狱,也将决不改悔,总要先来诅咒一切反对白话,妨害白话者。"

这段不甚周严也无所忌讳的话,正是童言的方式。鲁迅以这种无限放任的童言方式来表达那种极端的爱憎,既是对中国传统启蒙读物虐杀儿童爱美天性的痛骂,也是对生存的现实中口口声声主张文言和传统道德的"正人君子们"的反讽。

【比较阅读】

我们现在怎样做父亲（节选）

鲁 迅

倘若现在父母并没有将什么精神上体质上的缺点交给子女，又不遇意外的事，子女便当然健康，总算已经达到了继续生命的目的。但父母的责任还没有完，因为生命虽然继续了，却是停顿不得，所以还须教这新生命去发展。凡动物较高等的，对于幼雏，除了养育保护以外，往往还教他们生存上必需的本领。例如飞禽便教飞翔，鸷兽便教搏击。人类更高几等，便也有愿意子孙更进一层的天性。这也是爱，上文所说的是对于现在，这是对于将来。只要思想未遭锢蔽的人，谁也喜欢子女比自己更强，更健康，更聪明高尚，——更幸福；就是超越了自己，超越了过去。超越便须改变，所以子孙对于祖先的事，应该改变，"三年无改于父之道可谓孝矣"，当然是曲说，是退婴的病根。假使古代的单细胞动物，也遵着这教训，那便永远不敢分裂繁复，世界上再也不会有人类了。

幸而这一类教训，虽然害过许多人，却还未能完全扫尽了一切人的天性。没有读过"圣贤书"的人，还能将这天性在名教的斧钺底下，时时流露，时时萌蘖；这便是中国人虽然凋落萎缩，却未灭绝的原因。

所以觉醒的人，此后应将这天性的爱，更加扩张，更加醇化；用无我的爱，自己牺牲于后起新人。开宗第一，便是理解。往昔的欧人对于孩子的误解，是以为成人的预备；中国人的误解，是以为缩小的成人。直到近来，经过许多学者的研究，才知道孩子的世界，与成人截然不同；倘不先行理解，一味蛮做，便大碍于孩子的发达。所以一切设施，都应该以孩子为本位，日本近来，觉悟的也很不少；对于儿童的设施，研究儿童的事业，都非常兴盛了。第二，便是指导。时势既有改变，生活也必须进化；所以后起的人物，一定尤异于前，决不能用同一模型，无理嵌定。长者须是指导者协商者，却不该是命令者。不但不该责幼者供奉自己；而且还须用全副精神，专为他们自己，养成他们有耐劳作的体力，纯洁高尚的道德，广博自由能容纳新潮流的精神，也就是能在世界新潮流中游泳，不被淹没的力量。第三，便是解放。子女是即我非我的人，但既已分立，也便是人类中的人。因为即我，所以更应该尽教育的义务，交给他们自立的能力；因为非我，所以也应同时解放，全部为他们自己所有，成一个独立的人。

这样，便是父母对于子女，应该健全的产生，尽力的教育，完全的解放。

但有人会怕，仿佛父母从此以后，一无所有，无聊之极了。这种空虚的恐怖和无聊的感想，也即从谬误的旧思想发生；倘明白了生物学的真理，自然便会消灭。但要做解放子女的父母，也应预备一种能力。便是自己虽然已经带着过去的色采，却不失独立的本领和精神，有广博的趣味，高尚的娱乐。要幸福么？连你的将来的生命都幸福了。要"返老还童"，要"老复丁"么？子女便是"复丁"，都已独立而且更好了。这才是完了长者的任务，得了人生的慰安。倘若思想本领，样样照旧，专以"勃（奚谷）"为业，行辈自豪，那便自然免不了空虚无聊的苦痛。

或者又怕，解放之后，父子间要疏隔了。欧美的家庭，专制不及中国，早已大家知道；往者虽有人比之禽兽，现在却连"卫道"的圣徒，也曾替他们辩护，说并无"逆子叛弟"了。因此可知：惟其解放，所以相亲；惟其没有"拘挛"子弟的父兄，所以也没有反抗"拘挛"的"逆子叛弟"。若威逼利诱，便无论如何，决不能有"万年有道之长"。例便如我中国，汉有举孝，唐有孝悌力田科，清末也还有孝廉方正，都能换到官做。父恩谕之于先，皇恩施之于后，然而割股的人物，究属寥寥。足可证明中国的旧学说旧手段，实在从古以来，并无良效，无非使坏人增长些虚伪，好人无端的多受些人我都无利益的苦痛罢了。

独有"爱"是真的。路粹引孔融说，"父之于子，当有何亲？论其本意，实为情欲发耳。子之于母，亦复奚为，譬如寄物瓶中，出则离矣。"（汉末的孔府上，很出过几个有特色的奇人，不象现在这般冷落，这话也许确是北海先生所说；只是攻击他的偏是路粹和曹操，教人发笑罢了。）虽然也是一种对于旧说的打击，但实于事理不合。因为父母生了子女，同时又有天性的爱，这爱又很深广很长久，不会即离。现在世界没有大同,相爱还有差等,子女对于父母,也便最爱,最关切,不会即离。所以疏隔一层,不劳多虑。至于一种例外的人,或者非爱所能钩连。但若爱力尚且不能钩连,那便任凭什么"恩威,名分,天经,地义"之类,更是钩连不住。

或者又怕,解放之后,长者要吃苦了。这事可分两层:第一,中国的社会,虽说"道德好",实际却太缺乏相爱相助的心思。便是"孝""烈"这类道德,也都是旁人毫不负责,一味收拾幼者弱者的方法。在这样社会中,不独老者难于生活,即解放的幼者,也难于生活。第二,中国的男女,大抵未老先衰,甚至不到二十岁,早已老态可掬,待到真实衰老,便更须别人扶持。所以我说,解放子女的父母,应该先有一番预备;而对于如此社会,尤应该改造,使他能适于合理的生活。许多人预备着,改造着,久而久之,自然可望实现了。单就别国的往时而言,斯宾塞未曾结婚,不闻他寂无聊;瓦特早没有了子女,也居然"寿终正寝",何况在将来,更何况有儿女的人呢?

或者又怕,解放之后,子女要吃苦了。这事也有两层,全如上文所说,不过一是因为老而无能,一是因为少不更事罢了。因此觉醒的人,愈觉有改造社会的任务。中国相传的成法,谬误很多:一种是锢闭,以为可以与社会隔离,不受影响。一种是教给他恶本领,以为如此才能在社会中生活。用这类方法的长者,虽然也含有继续生命的好意,但比照事理,却决定谬误。此外还有一种,是传授些周旋方法,教他们顺应社会。这与数年前讲"实用主义"的人,因为市上有假洋钱,便要在学校里遍教学生看洋钱的法子之类,同一错误。社会虽然不能不偶然顺应,但决不是正当办法。因为社会不良,恶现象便很多,势不能一一顺应;倘都顺应了,又违反了合理的生活,倒走了进化的路。所以根本方法,只有改良社会。

就实际上说,中国旧理想的家族关系父子关系之类,其实早已崩溃。这也非"于今为烈",正是"在昔已然"。历来都竭力表彰"五世同堂",便足见实际上同居的为难;拚命的劝孝,也足见事实上孝子的缺少。而其原因,便全在一意提倡虚伪道德,蔑视了真的人情。我们试一翻大族的家谱,便知道始迁祖宗,大抵是单身迁居，成家立为；一到聚族而居，家谱出版，却已在零落的中涂了。况在将来，迷信破了，便没有哭竹，卧冰；医学发达了，也不必尝秽，割股。又因为经济关系，结婚不得不迟，生育因此也迟，或者子女才能自存，父母已经衰老，不及依赖他们供养，事实上也就是父母反尽了义务。世界潮流逼拶着，这样做的可以生存，不然的便都衰落；无非觉醒者多，加些人力，便危机可望较少就是了。

但既如上言，中国家庭，实际久已崩溃，并不如"圣人之徒"纸上的空谈，则何以至今依然如故，一无进步呢？这事很容易解答。第一，崩溃者自崩溃，纠缠者自纠缠，设立者又自设立；毫无戒心，也不想到改革，所以如故。第二，以前的家庭中间，本来常有勃（奚谷），到了新名词流行之后，便都改称"革命"，然而其实也仍是讨嫖钱至于相骂，要赌本至于相打之类，与觉醒者的改革，截然两途。这一类自称"革命"的勃（奚谷）子弟，纯属旧式，待到自己有了子女，也决不解放；或者毫不管理，或者反要寻出"孝经"，勒令诵读，想他们"学于古训"，都做牺牲。这只能全归旧道德旧习惯旧方法负责，生物学的真理决不能妄任其咎。

既如上言，生物为要进化，应该继续生命，那便"不孝有三无后为大"，三妻四妾，也极合理了。这事也很容易解答。人类因为无后，绝了将来的生命，虽然不幸，但若用不正当的方法手段，苟延生命而害及人群，便该比一人无后，尤其"不孝"。因为现在的社会，一夫一妻制最为合理，而多妻主义，实能使人群堕落。堕落近于退化，与继续生命的目的，恰恰完全相反。无后只是灭绝了自己，退化状态的有后，便会毁到他人。人类总有些为他人牺牲自己的精神，而况生物自发生以来，交互关联，一人的血统，大抵总与他人有多少关系，不会完全灭绝。所以生物学的真理，决非多妻主义的护符。

总而言之，觉醒的父母，完全应该是义务的，利他的，牺牲的，很不易做；而在中国尤不易做。中国觉醒的人，为想随顺长者解放幼者，便须一面清结旧帐，一面开辟新路。就是开首所说的"自己背着因袭的重担，肩住了黑暗的闸门，放他们到宽阔光明的地方去；此后幸福的度日，合理的做人。"这是一件极伟大的要紧的事，也是一件极困苦艰难的事。

五 猖 会①

孩子们所盼望的,过年过节之外,大概要数迎神赛会的时候了。但我家的所在很偏僻,待到赛会的行列经过时,一定已在下午,仪仗之类,也减而又减,所剩的极其寥寥。往往伸着颈子等候多时,却只见十几个人抬着一个金脸或蓝脸红脸的神像匆匆地跑过去。于是,完了②。(编者注:铺垫一)

我常存着这样的一个希望:这一次所见的赛会,比前一次繁盛些。可是结果总是一个"差不多";也总是只留下一个纪念品,就是当神像还未抬过之前,化一文钱买下的,用一点烂泥,一点颜色纸,一枝竹签和两三枝鸡毛所做的,吹起来会发出一种刺耳的声音的哨子,叫作"吹都都"的,呲呲地吹它两三天③。(编者注:铺垫二)

现在看看《陶庵梦忆》,觉得那时的赛会,真是豪奢极了,虽然明人的文章,怕难免有些夸大。因为祷雨而迎龙王,现在也还有的,但办法却已经很简单,不过是十多人盘旋着一条

① 五猖会不是什么"迎神"赛会,确切说它应该是"驱邪"赛会。所谓"五猖"是上古传说中象征东、南、西、北、中五路的邪恶之神,它们在人间常做坏事,但也并非罪大恶极,只不过搞搞恶作剧。老百姓对"五猖"既怕又敬,于是就祭起来以博其高兴,以便它们不捣乱并会降福给自己。五猖会的仪式,同一般中国式祭奠没多大区别——烧香、祭酒(肉)、焚纸等等,但过去民间还搞巡游活动,找些人着古装扛旗挑篮、敲锣打鼓。他们一般按传统均身着五色衣,戴五色面具,手持五色行具。还有道士和尚等诵经,总之唱唱跳跳,热闹非常。

② 结尾四个字两个分句,简洁地收束透露出无限的意犹未尽,下文五猖会的巨大吸引力也就自不待言。

③ "总是……总是……就是",还要吹个两三天,可见儿童心理。

龙,以及村童们扮些海鬼。那时却还要扮故事,而且实在奇拔得可观。他记扮《水浒传》中人物云:"……于是分头四出,寻黑矮汉,寻梢长大汉,寻头陀,寻胖大和尚,寻茁壮妇人,寻姣长妇人,寻青面,寻歪头,寻赤须,寻美髯,寻黑大汉,寻赤脸长须。大索城中;无,则之郭,之村,之山僻,之邻府州县。用重价聘之,得三十六人,梁山泊好汉,个个呵活,臻臻至至,人马称娖而行。……"这样的白描的活古人,谁能不动一看的雅兴呢?可惜这种盛举,早已和明社一同消灭了④。(编者注:引用古籍,铺垫三)

④ 为何会渐次消亡?可以细究。

赛会虽然不像现在上海的旗袍,北京的谈国事,为当局所禁止,然而妇孺们是不许看的,读书人即所谓士子,也大抵不肯赶去看。只有游手好闲的闲人,这才跑到庙前或衙门前去看热闹;我关于赛会的知识,多半是从他们的叙述上得来的,并非考据家所贵重的"眼学"。然而记得有一回,也亲见过较盛的赛会。开首是一个孩子骑马先来,称为"塘报";过了许久,"高照"到了,长竹竿揭起一条很长的旗,一个汗流浃背的胖大汉用两手托着;他高兴的时候,就肯将竿头放在头顶或牙齿上,甚而至于鼻尖。其次是所谓"高跷","抬阁","马头"了;还有扮犯人的,红衣枷锁,内中也有孩子。我那时觉得这些都是有光荣的事业,与闻其事的即全是大有运气的人,——大概羡慕他们的出风头罢。我想,我为什么不生一场重病,使我的母亲也好到庙里去许下一个"扮犯人"的心愿的呢?……然而我到现在终于没有和赛会发生关系过。(编者注:铺垫四)

要到东关看五猖会去了⑤。这是我儿时所罕逢的一件盛事。因为那会是全县中最盛的会,东关又是离我家很远的地方,出城还有六十多里水路,在那里有两座特别的庙。一是梅姑庙,就是《聊斋志异》所记,室女守节,死后成神,却篡取别人的丈夫的;现在神座上确塑着一对少年男女,眉开眼笑,殊与"礼教"有妨。其一便是五猖庙了,名目就奇特。据有考据癖的人说:这就是五通神。然而也并无确据。神像是五个男人,也不见有什么猖獗之状;后面列坐着五位太太,却并不"分坐",远不及北京戏园里界限之谨严。其实呢,这也是殊与"礼教"有妨的,——但他们既然是五猖,便也无法可想,而且自然也就"又作别论"了⑥。(编者注:铺垫五)

因为东关离城远,大清早大家就起来。昨夜预定好的三道明瓦窗的大船,已经泊在河埠头,船椅,饭菜,茶炊,点心盒子,都在陆续搬下去了。我笑着跳着,催他们要搬得快。忽然,

⑤ "立片言以居要",这一句开头十分夺目。

⑥ 作者委婉地批评了封建礼教。既然男女有别,为什么男神仙和女神仙就可以无别呢?说明民间生活与封建秩序之间的矛盾。
因为远,因为盛,因为地位特别,所以是"罕逢的一件盛世"。

工人的脸色很谨肃了,我知道有些蹊跷,四面一看,父亲就站在我背后。

"去拿你的书来。"他慢慢地说⑦。

这所谓"书",是指我开蒙时候所读的《鉴略》,因为我再没有第二本了。我们那里上学的岁数是多拣单数的,所以这使我记住我其时是七岁。

我忐忑着,拿了书来了。他使我同坐在堂中央的桌子前,教我一句一句地读下去。我担着心,一句一句地读下去。

两句一行,大约读了二三十行罢,他说:

"给我读熟。背不出,就不准去看会。"

他说完,便站起来,走进房里去了。

我似乎从头上浇了一盆冷水。但是,有什么法子呢?自然是读着,读着,强记着,——而且要背出来⑧。

粤有盘古,生于太荒,

首出御世,肇开混茫。

就是这样的书,我现在只记得前四句,别的都忘却了;那时所强记的二三十行,自然也一齐忘却在里面了。记得那时听人说,读《鉴略》比读《千字文》,《百家姓》有用得多,因为可以知道从古到今的大概。知道从古到今的大概,那当然是很好的,然而我一字也不懂。"粤自盘古"就是"粤自盘古",读下去,记住它,"粤

⑦ 后文说不明白父亲为何让"我"背书,其实此处有伏笔,前面说"读书人即所谓士子,也大抵不肯赶去看",已经是草蛇灰线,布下引子。

⑧ 注意此处句中的排比手法和破折号,以及动作、语言、心理、神态等诸多描写。

自盘古"呵!"生于太荒"呵!……⑨

应用的物件已经搬完,家中由忙乱转成静肃了。朝阳照着西墙,天气很清朗。母亲,工人,长妈妈即阿长,都无法营救,只默默地静候着我读熟,而且背出来。在百静中,我似乎头里要伸出许多铁钳,将什么"生于太荒"之流夹住;也听到自己急急诵读的声音发着抖,仿佛深秋的蟋蟀,在夜中鸣叫似的⑩。

他们都等候着;太阳也升得更高了⑪。

我忽然似乎已经很有把握,便即站了起来,拿书走进父亲的书房,一气背将下去,梦似的就背完了⑫。

"不错。去罢。"父亲点着头,说⑬。

大家同时活动起来,脸上都露出笑容,向河埠走去。工人将我高高地抱起,仿佛在祝贺我的成功一般,快步走在最前头。

我却并没有他们那么高兴。开船以后,水路中的风景,盒子里的点心,以及到了东关的五猖会的热闹,对于我似乎都没有什么大意思⑭。

直到现在,别的完全忘却,不留一点痕迹了,只有背诵《鉴略》这一段,却还分明如昨日事。

我至今一想起,还诧异我的父亲何以要在那时候叫我来背书。

(编者注:这两段有画龙点睛的作用。作者语

⑨ 读得出此处心理活动过程吗?标点传情,省略号用得好。

⑩ 环境描写说明"我"背书时间很长了。"我似乎头里要伸出许多铁钳,将什么'生于太荒'之流夹住;也听到自己急急诵读的声音发着抖,仿佛深秋的蟋蟀,在夜中鸣叫似的。"作者用了比喻的修辞,生动地写出了当时心中的急躁、无奈。

⑪ 独句成段的句子要特别注意。

⑫ "梦似的"说明完全是被迫的,很机械的反应。

⑬ 此句中的标点使用特别意味深长。短句、句号,父亲的威严持重,"我"的焦急等待和终于被放飞的欣喜都在其中。

⑭ 此处句中的列举体现出"我"失望之深。

气非常平静地回想,很含蓄地表达了这件事给"我"内心带来的伤害和痛苦。作者对父亲这种做法一直难以接受。回顾《二十四孝图》,可知作者对旧时儿童教育的失望。)

五月二十五日。

【尾评】

  此文从儿童视角,描写孩子的心理,细腻而真实。文中的父亲,在孩子兴致最高的时候,逼迫孩子背书,似乎不懂得儿童的心理。鲁迅曾说:"往昔的欧人对于孩子的误解,是以为成人的预备;中国人的误解,是以为缩小的成人。直到近来,经过许多学者的研究,才知道孩子的世界,与成人截然不同。倘不先行理解,一味蛮做,便大碍于孩子的发达。"

  我们不妨对比阅读詹姆斯·乔伊斯的《阿拉比》,然后结合自己的生命体验,去感悟,去思考,学会写出自己的人生经历。

  《阿拉比》是"意识流大师"詹姆斯·乔伊斯短篇小说集《都柏林人》中的第三篇,是关于一个男孩在单恋中惶惑不安的故事。男孩缜密的心思和细腻的感情,都被詹姆斯·乔伊斯事无巨细地记录下来,让人感同身受,似乎作家抒写的,就是我们每一个人始终无法言说清楚的。

【比较阅读】

阿 拉 比

詹姆斯·乔伊斯

  北理奇蒙德街的一头是不通的,除了基督兄弟学校的学童们放学回家那段时间外,平时很寂静。在街尽头有一幢无人住的两层楼房,跟一块方地上比邻的房子隔开着。街上其他房屋仿佛自以为有像样的住户,而沉下褐色的脸,互相凝视。

我们从前的房客,一个教士,死在这屋子的后客厅里。由于长期关闭,所有的房间散发出一股霉味。厨房后面的废物间里,满地都是乱七八糟的废纸。我在其中翻到几本书页卷起而潮湿的平装书:瓦尔特·司各特作的《修道院长》,还有《虔诚的圣餐者》和《维道克回忆录》。我最喜欢最后一本,因为那些书页是黄的。屋子后面有个荒芜的花园,中间一株苹果树,四周零零落落的几株灌木;在一棵灌木下面,我发现死去的房客留下的一个生锈的自行车打气筒。那教士是个心肠很好的人,他在遗嘱中把全部存款捐给了各种慈善机构,又把家具赠给他的妹妹。

到了日短夜长的冬天,晚饭还没吃完,夜幕就降落了。当我们在街上玩耍时,一幢幢房屋变得阴森森的。头上的夜空显出一片变幻的紫罗兰色,同街灯的微光遥遥相映。寒气刺骨,我们不停地玩着,直到浑身暖和。我们的喊叫声在僻静的街心回响。我们窜到屋子后面黑暗、泥泞的巷子里,遭到棚屋里那一伙野孩子的夹道鞭打;我们就跑到一家家幽暗阴湿的花园后门口,那里一个个灰坑发出难闻的气味。随后再到黑黢黢的满是马粪味的马厩去。马夫在那儿梳马,或敲着扣上的马具,发出铿锵的声音。当我们折回街道时,灯光已经从一家家厨房的窗子里透出来,把这一带照亮了。这时,假如我叔叔正拐过街角,我们便藏在暗处,直到他走进家门。如果曼根的姐姐在门口石阶上呼唤弟弟回家吃茶点,我们就在暗中瞧着她对街道东张西望。我们等着看她呆住不走呢,还是进屋去。要是她一直不进去,我们就从暗处走出来,没奈何地走到曼根家台阶前。她在等我们,灯光从半掩的门里射出来,映现出她的身影。她弟弟在顺从她之前,总要先嘲弄她一番,我则靠着栅栏望她。她一移动身子,衣服便摇摆起来,柔软的辫子左右挥动。

每天早晨,我躺在前客厅的地板上,望着她家的门。我总是把百叶窗拉下来,只留一英寸不到的缝隙,那样别人就看不见我了。她一出门走到台阶上,我的心就怦怦跳。我冲到过道里，抓起书就奔，跟在她后面。我紧紧盯住她穿着棕色衣服的身影。走到岔路口，我便加快步子赶过她。每天早晨都是如此。除了随便招呼一声，我从未同她讲过话。可是，她的名字总是使我蠢头蠢脑地激动。

甚至在最不适宜浪漫的想象的场合，她的形象也陪伴着我。每逢周末傍晚，我都得跟姑妈上街买东西，替她拎一些包。我们穿行在五光十色的大街上，被醉鬼和讨价还价的婆娘们挤来挤去，周围一片喧嚣：劳工们在诅咒，站在一桶桶猪颊肉旁守望的伙计们尖声叫嚷，街头卖艺人用浓重的鼻音哼着赞美奥唐纳万·罗沙的《大伙儿都来》，或一支感叹祖国动乱的歌谣。这些噪声汇合成一片众生相，使我对生活的感受集中到一点：仿佛感到自己捧着圣餐杯，在一群仇敌中间安然穿过。有时，在莫名其妙地做祷告或唱赞美诗时，她的名字会从我嘴里脱口而出，我时常热泪盈眶（自己也说不清为什么）。有时，一股沸腾的激情从心底涌起，流入胸中。我很少想到前途。我不知道自己究竟会不会同她说话，要是说了，怎么向她倾诉我迷惘的爱慕。这时，我的身子好似一架竖琴，她的音容笑貌宛如拨弄琴弦的纤指。

有一天，薄暮时分，我踅到教士在里面死去的后客厅内。那是一个漆黑的雨夜，屋子里一片沉寂。透过破碎的玻璃窗，我听到雨密密麻麻泻在土地上，针尖似的细雨在湿透了的花坛上不断跳跃。远处，有一盏街灯或谁家窗口透出的光在下面闪烁。我庆幸自己不能看清一切。我的全部感官似乎想隐蔽起来，我觉得自己快要失去知觉了，于是把双手紧紧合在一起，以致手颤抖了，一面喃喃自语："啊，爱情！啊，爱情！"

她终于跟我说话了。她一开口，我就慌乱不堪，呆在那儿，不知道说什么好。她问我去不去阿拉比。我记不起怎么回答的。她说那儿的集市一定丰富多彩，她很想去呐。

"为啥不去呢？"我问。

她不断转动着手腕上的银镯子说，她不能去，因为这一礼拜女修道院里要做静修。那时，她弟弟正和两个男孩抢帽子。我独自站在栅栏前。她搭着一根栏杆的尖端,低下头,凑近我。门对面,街灯的光照着她白嫩的脖子的曲线,照亮了披垂的头发,也照亮了搁在栏杆上的手。她稍微叉开腿,从容地站着,灯光使她衣服的一边清晰可见,正好映出衬裙的白色镶边。

"你真该去看看。"她说。

"我要是去,"我说,"一定给你捎点什么的。"

从那一晚起,数不清的愚蠢的怪念头充塞在我白天的幻想和夜半的梦中!但愿出发前那段乏味的日子一下子过去。学校里的功课使我烦躁。每当夜晚在寝室里或白天在教室中读书时,她的形象便闪现在我和啃不进的书页之间。"Araby(阿拉比)"这个词的音节在静谧中隐隐回响,我的心灵沉溺在寂静中,四周弥漫着魅人的东方气息。我要求让我星期六晚上到阿拉比集市去。姑妈听了吃一惊,疑心我跟共济会有什么勾搭。在课堂里,我难得回答出问题。我瞧着老师的脸从和蔼变成严峻。他说:"希望你不要变懒了。"我成天神思恍惚。生活中的正经事叫我厌烦,它们使我的愿望不能尽快实现,所以在我看来,都像儿戏,单调而讨厌的儿戏。

星期六早晨,我对姑父说,晚上我要到集市去。他正在衣帽架边手忙脚乱地找帽刷子,便漫不经心地说:

"行,孩子,我知道了。"

他待在过道里,我就没法去前厅,趴在窗口眺望了。我悻悻地离开家门,缓缓地走向学校。空气透骨地阴冷,我心里一阵阵忐忑不安。

回家吃饭时,姑父还没回来。时光还早呢。我坐着望了一会儿钟,滴答滴答的钟声叫我心烦意乱,便走出屋子,登上楼梯,走到楼上。那些高敞的空房间,寒冷而阴郁,却使我无拘无束。我唱起歌来,从一个房间跑到另一个房间。透过正面的玻璃窗,我看见伙伴们在街上玩耍。他们的喊声隐隐约约传到耳边。我把前额贴住冰冷的玻璃窗,望着她住的那栋昏暗的屋子。约莫一个小时过去了,我还站在那儿,什么都没看见,只在幻想中瞧见她穿着棕色衣服的身形、街灯的光朦胧地照亮曲线的脖子、搁在栏杆上的手,以及裙子下摆的镶边。

我再下楼时,看见当铺老板的遗孀默塞尔太太坐在火炉边。这个长舌妇,为了某种虔诚的目的,专爱收集用过的邮票。我只好陪着吃茶点,耐着性子听她嚼舌。开晚饭的时间早已过了一小时,姑父还没回来。默塞尔太太站起身来说:"对不起。"不能久等,八点过了,她不愿在外面待得太晚,夜里的风她受不了。她走后,我在屋里踱来踱去,紧攥着拳头。姑妈说:

"上帝啊,兴许今晚去不成了,改天再去看集市吧。"

九点,我忽然听见姑父用弹簧锁钥匙在开过道门。接着听见他自言自语,听到衣架被他挂上去的大衣压得直晃荡。我能猜出这些声音意味着什么。晚饭吃到一半,我向他要钱到集市去。他已把这件事给忘得一干二净了。

"人们早已上床,睡过一阵了。"他说。

我没笑。姑妈大声说:

"还不给钱让他去?!他已经等得够长啦!"

他说非常抱歉,忘了这件事。尔后又说,他很欣赏那句老话:"只工作不玩耍,任何孩子都变傻。"他又问我去哪儿,于是我再讲一遍。他便问我知不知道《阿拉伯人向骏马告别》。我走出厨房时,他正要给姑妈背诵那故事的开场白哩。

我紧紧攥着一枚两先令银币,沿着白金汉大街,向火车站迈开大步走去。街上熙熙攘攘,尽是买东西的人,煤气灯照耀得如同白昼,这景象提醒我快到集市去。我在一列空荡荡的火车的三等车厢找了个坐位。火车迟迟不开,叫人等得恼火,过了好久才慢慢地驶出车站,爬行在沿途倾圮的房屋中间,驶过一条闪闪发亮的河流。在威斯兰罗车站,来了一大群乘客,往车厢门直拥。列车员说,这是直达集市的专车,这才把他们挡回去。我独自坐在空车厢里。几分钟后,火车停在一个临时用木头搭起的月台旁。我下车走到街上。有一只钟被亮光照着,我瞅了一眼:九点五十分。我的面前矗立着一座大建筑物,上面闪亮着那魅人的名字。

我怎么也找不到花六便士就能进去的入口。我生怕集市关门,便三脚两步穿过一个旋转门,把一个先令付给一位神情疲惫的看门人。我发现走进了一所大厅,周围环绕着只有它一半高的游廊。几乎所有的棚摊都打烊了。大半个厅堂黑沉沉的。我有一种阒寂之感,犹如置身于做完礼拜后的教堂中。我怯生生地走到商场中间。那儿还有些人围着仍在营业的摊子;一块布帘上用彩灯拼成"乐声咖啡馆"几个字。两个男子正在一只托盘上数钱。我倾听着铜币落盘时的叮当声。

我搜索枯肠,才想起为什么到这儿来,便随意走到一个搭棚的摊子前,端详陈列在那里的瓷花瓶和印花茶具。棚摊门口有个女郎,正同两位年轻的先生说笑,我听出他们的英国口音,模模糊糊听着他们交谈。

"噢,我从没说过那种事。"

"哎,你肯定说过。"

"不,肯定没有!"

"难道她没说过?"

"说过的,我听见她说的。"

"啊,这简直是……胡说。"

那位女郎看见我,便走过来问要买什么。她的声音冷冰冰的,好像出于责任感。我诚惶诚恐地瞧着两排大坛子,它们竖在摊子门口两侧,恰似东方卫士;我低声说:

"不买,谢谢。"

那女郎把一只花瓶挪了一下,然后回到两个年轻人身边去了。他们又谈起同一个话题。那女人回头瞟了我一两次。

我逗留在她的棚摊前,仿佛真的对那些货物恋恋不舍一般,尽管心里明白,这样待着毫无意思。最后,我慢吞吞地离开那儿,沿着集市中间的小道走去。我把两个便士丢进口袋,跟里面一枚六便士的硬币碰响。接着,我听见长廊尽头传来熄灯的喊声。顿时,大厅上方漆黑一片。

我抬头凝视着黑暗,感到自己是一个被虚荣心驱使和拨弄的可怜虫,于是眼睛里燃烧着痛苦和愤怒。

无　　常

　　迎神赛会这一天出巡的神，如果是掌握生杀之权的，——不，这生杀之权四个字不大妥，凡是神，在中国仿佛都有些随意杀人的权柄似的，倒不如说是职掌人民的生死大事的罢，就如城隍和东岳大帝之类，那么，他的卤簿中间就另有一群特别的脚色：鬼卒，鬼王，还有活无常①。

① 引出活无常。

　　这些鬼物们，大概都是由粗人和乡下人扮演的。鬼卒和鬼王是红红绿绿的衣裳，赤着脚；蓝脸，上面又画些鱼鳞，也许是龙鳞或别的什么鳞罢，我不大清楚。鬼卒拿着钢叉，叉环振得琅琅地响，鬼王拿的是一块小小的虎头牌。据传说，鬼王是只用一只脚走路的；但他究竟是乡下人，虽然脸上已经画上些鱼鳞或者别的什么鳞，却仍然只得用了两只脚走路。所以看客对于他们不很敬畏，也不大留心，除了念佛老妪和她的孙子们为面面圆到起见，也照例给他们一个"不胜屏营待命之至"的仪节②。

② 此一节描绘各种鬼，意在为下文活无常的出场做铺垫。

　　至于我们——我相信：我和许多人——所

最愿意看的,却在活无常。他不但活泼而诙谐,单是那浑身雪白这一点,在红红绿绿中就有"鹤立鸡群"之概。只要望见一顶白纸的高帽子和他手里的破芭蕉扇的影子,大家就都有些紧张,而且高兴起来了③。人民之于鬼物,惟独与他最为稔熟,也最为亲密,平时也常常可以遇见他。譬如城隍庙或东岳庙中,大殿后面就有一间暗室,叫作"阴司间",在才可辨色的昏暗中,塑着各种鬼:吊死鬼,跌死鬼,虎伤鬼,科场鬼,……而一进门口所看见的长而白的东西就是他。我虽然也曾瞻仰过一回这"阴司间",但那时胆子小,没有看明白。听说他一手还拿着铁索,因为他是勾摄生魂的使者。相传樊江东岳庙的"阴司间"的构造,本来是极其特别的:门口是一块活板,人一进门,踏着活板的这一端,塑在那一端的他便扑过来,铁索正套在你脖子上。后来吓死了一个人,钉实了,所以在我幼小的时候,这就已不能动④。

倘使要看个分明,那么,《玉历钞传》上就画着他的像,不过《玉历钞传》也有繁简不同的本子的,倘是繁本,就一定有。身上穿的是斩衰凶服,腰间束的是草绳,脚穿草鞋,项挂纸锭;手上是破芭蕉扇,铁索,算盘;肩膀是耸起的,头发却披下来;眉眼的外梢都向下,像一个"八"字。头上一顶长方帽,下大顶小,按比例

③ 紧张又高兴,为何?

④ 活泼、诙谐、亲密、稔熟而又吓人,多么矛盾啊。举实例,抑之。

一算,该有二尺来高罢;在正面,就是遗老遗少们所戴瓜皮小帽的缀一粒珠子或一块宝石的地方,直写着四个字道:"一见有喜"。有一种本子上,却写的是"你也来了"。这四个字,是有时也见于包公殿的扁额上的,至于他的帽上是何人所写,他自己还是阎罗王,我可没有研究出⑤。

⑤ 承前写,正面描绘。

《玉历钞传》上还有一种和活无常相对的鬼物,装束也相仿,叫作"死有分"。这在迎神时候也有的,但名称却讹作死无常了,黑脸,黑衣,谁也不爱看。在"阴司间"里也有的,胸口靠着墙壁,阴森森地站着;那才真真是"碰壁"。凡有进去烧香的人们,必须摩一摩他的脊梁,据说可以摆脱了晦气;我小时也曾摩过这脊梁来,然而晦气似乎终于没有脱,——也许那时不摩,现在的晦气还要重罢,这一节也还是没有研究出。

我也没有研究过小乘佛教的经典,但据耳食之谈,则在印度的佛经里,焰摩天是有的,牛首阿旁也有的,都在地狱里做主任。至于勾摄生魂的使者的这无常先生,却似乎于古无征,耳所习闻的只有什么"人生无常"之类的话。大概这意思传到中国之后,人们便将他具象化了。这实在是我们中国人的创作⑥。

⑥ 转,对比,又一铺垫。

然而人们一见他,为什么就都有些紧张,

而且高兴起来呢⑦?

⑦ 草蛇灰线,布局千里,回应上文。

凡有一处地方,如果出了文士学者或名流,他将笔头一扭,就很容易变成"模范县"。我的故乡,在汉末虽曾经虞仲翔先生揄扬过,但是那究竟太早了,后来到底免不了产生所谓"绍兴师爷",不过也并非男女老小全是"绍兴师爷",别的"下等人"也不少。这些"下等人",要他们发什么"我们现在走的是一条狭窄险阻的小路,左面是一个广漠无际的泥潭,右面也是一片广漠无际的浮砂,前面是遥遥茫茫荫在薄雾的里面的目的地"那样热昏似的妙语,是办不到的,可是在无意中,看得往这"荫在薄雾的里面的目的地"的道路很明白:求婚,结婚,养孩子,死亡。但这自然是专就我的故乡而言,若是"模范县"里的人民,那当然又作别论。他们——敝同乡"下等人"——的许多,活着,苦着,被流言,被反噬,因了积久的经验,知道阳间维持"公理"的只有一个会,而且这会的本身就是"遥遥茫茫",于是乎势不得不发生对于阴间的神往。人是大抵自以为衔些冤抑的;活的"正人君子"们只能骗鸟,若问愚民,他就可以不假思索地回答你:公正的裁判是在阴间!

想到生的乐趣,生固然可以留恋;但想到生的苦趣,无常也不一定是恶客。无论贵贱,无论贫富,其时都是"一双空手见阎王",有冤的得伸,有罪的就得罚。然而虽说是"下等人",也何尝没有反省?自己做了一世人,又怎么样呢?未曾"跳到半天空"么?没有"放冷箭"么?无常的手里就拿着大算盘,你摆尽臭架子也无益。对付别人要滴水不羼的公理,对自己总还不如虽在阴司里也还能够寻到一点私情。然而那又究竟是阴间,阎罗天子,牛首阿旁,还有中国人自己想出来的马面,都是并不兼差,真正主持公理的脚色,虽然他们并没有在报上发表过什么大文章。当还未做鬼之前,有时先不欺心的人们,遥想着将来,就又不能不想在整块的公理中,来寻一点情面的末屑,这时候,我们的活无常先生便见得可亲爱了,利中取大,害中取小,我们的古哲墨翟先生谓之"小取"云⑧。

⑧ 转,亦是扬,朴素的想法。

在庙里泥塑的,在书上墨印的模样上,是看不出他那可爱来的。最好是去看戏。但看普通的戏也不行,必须看"大戏"或者"目连戏"。目连戏的热闹,张岱在《陶庵梦忆》上也曾夸张过,说是要连演两三天。在我幼小时候可已经不然了,也如大戏一样,始于黄昏,到次日的天明便完结。这都是敬神禳灾的演剧,全本里一定有一个恶人,次日的将近天明便是这恶人的收场的时候,"恶贯满盈",阎王出票来勾摄了,于是乎这活的活无常便在戏台上出现。

我还记得自己坐在这一种戏台下的船上的情形,看客的心情和普通是两样的。平常愈夜深愈懒散,这时却愈起劲。他所戴的纸糊的高帽子,本来是挂在台角上的,这时预先拿进去了;一种特别乐器,也准备使劲地吹。这乐器好像喇叭,细而长,可有七八尺,大约是鬼物所爱听的罢,和鬼无关的时候就不用;吹起来,Nhatu, nhatu, nhatututuu 地响,所以我们叫它"目连嘻头"。

在许多人期待着恶人的没落的凝望中,他出来了,服饰比画上还简单,不拿铁索,也不带算盘,就是雪白的一条莽汉,粉面朱唇,眉黑如漆,蹙着,不知道是在笑还是在哭。但他一出台就须打一百零八个嚏,同时也放一百零八个屁,这才自述他的履历。可惜我记不清楚了,其中有一段大概是这样:

"…………

大王出了牌票,叫我去拿隔壁的癞子。

问了起来呢,原来是我堂房的阿侄。

生的是什么病? 伤寒,还带痢疾。

看的是什么郎中? 下方桥的陈念义 la 儿子。

开的是怎样的药方? 附子,肉桂,外加牛膝。

第一煎吃下去,冷汗发出;

第二煎吃下去,两脚笔直。

我道 nga 阿嫂哭得悲伤,暂放他还阳半刻。

大王道我是得钱买放,就将我捆打四十!"

这叙述里的"子"字都读作入声。陈念义是越中的名医,俞仲华曾将他写入《荡寇志》里,拟为神仙;可是一到他的令郎,似乎便不大高明了。la 者"的"也;"儿"读若"倪",倒是古音罢;nga 者,"我的"或"我们的"之意也。

他口里的阎罗天子仿佛也不大高明,竟会误解他的人格,——不,鬼格。但连"还阳半刻"都知道,究竟还不失其"聪明正直之谓神"。不过这惩罚,却给了我们的活无常以不可磨灭的冤苦的印象,一提起,就使他更加蹙紧双眉,捏定破芭蕉扇,脸向着地,鸭子浮水似的跳舞起来。

Nhatu, nhatu, nhatu-nhatu-nhatututuu! 目连嗐头也冤苦不堪似的吹着。他因此决定了:

"难是弗放者个!

那怕你,铜墙铁壁!

那怕你,皇亲国戚!

…………"

"难"者,"今"也;"者个"者,"的了"之意,词之决也。"虽有忮心,不怨飘瓦",他现在毫不留情了,然而这是受了阎罗老子的督责之故,不得已也。一切鬼众中,就是他有点人情;我们不变鬼则已,如果要变鬼,自然就只有他可以比较的相亲近。

我至今还确凿记得,在故乡时候,和"下等人"一同,常常这样高兴地正视过这鬼而人,理而情,可怖而可爱的无常;而且欣赏他脸上的哭或笑,口头的硬语与谐谈……。

迎神时候的无常,可和演剧上的又有些不同了。他只有动作,没有言语,跟定了一个捧着一盘饭菜的小丑似的脚色走,他要去吃;他却不给他。另外还加添了两名脚色,就是"正人君子"之所谓"老婆儿女"。凡"下等人",都有一种通病:常喜欢以己之所欲,施之于人。虽是对于鬼,也不肯给他孤寂,凡有鬼神,大概总要给他们一对一对地配起来。无常也不在例外。所以,一个是漂亮的女人,只是很有些村妇样,大家都称她无常嫂;这样看来,无常是和我们平辈的,无怪他不摆教授先生的架子。一个是小孩子,小高帽,小白衣;虽然小,两肩却已经耸起了,眉目的外梢也向下。这分明是无常少爷了,大家却叫他阿领,对于他似乎都不很表敬意;猜起来,仿佛是无常嫂的前夫之子似的。但不知何以相貌又和无常有这么像?

呼！鬼神之事，难言之矣，只得姑且置之弗论。至于无常何以没有亲儿女，到今年可很容易解释了：鬼神能前知，他怕儿女一多，爱说闲话的就要旁敲侧击地锻成他拿卢布，所以不但研究，还早已实行了"节育"了。

这捧着饭菜的一幕，就是"送无常"。因为他是勾魂使者，所以民间凡有一个人死掉之后，就得用酒饭恭送他。至于不给他吃，那是赛会时候的开玩笑，实际上并不然。但是，和无常开玩笑，是大家都有此意的，因为他爽直，爱发议论，有人情，——要寻真实的朋友，倒还是他妥当⑨。

有人说，他是生人走阴，就是原是人，梦中却入冥去当差的，所以很有些人情。我还记得住在离我家不远的小屋子里的一个男人，便自称是"走无常"，门外常常燃着香烛。但我看他脸上的鬼气反而多。莫非入冥做了鬼，倒会增加人气的么？呼！鬼神之事，难言之矣，这也只得姑且置之弗论了。

六月二十三日。

⑨ 以上几节正面重墨描摹。整篇文章都洋溢着作者对活无常的敬佩及赞美之情，先写小时候对他的害怕，和现在对他的敬佩作对比，也拿阎罗王的昏庸和死无常的可怕与之作对比，突出活无常的善心。作者也是想告诉我们，连鬼都有如此善心，人又应该怎样呢？

【尾评】

无常是勾摄生魂的使者，他一出现就表明一个人要失去最宝贵的生命，按理说该是人人敬而远之，讨厌不及的。然而在鲁迅笔下，他却是可爱的，是具有人情味的鬼。他去勾魂的时候，看到母亲哭死去的儿子那么悲伤，决定放儿子"还阳半刻"，结果被"顶头上司"阎罗王打了四十大棒。文章在回忆无常的时候，时不时加进几句对现实所谓"正人君子"的讽刺，虚幻的无常给予当时鲁迅寂寞悲凉的心些许的安慰。

《无常》是接着《五猖会》来写的。《五猖会》中，由于父亲的"及时"出现，让满心欢喜要去看"五猖会"的"我"背《鉴略》，导致"我"兴致全无。于是在这一篇里就写迎神赛会的情景，"我和许多人——所最愿意看的，却是活无常。他不但活泼而诙谐，单是那浑身雪白这一点，在红红绿绿中就有'鹤立鸡群'之概。只要望见一顶白纸的高帽子和他手里的破芭蕉扇的影子，大家就都有些紧张，而且高兴起来了"。

接着，在提到《玉历钞传》上关于无常的装束时，写到无常帽子上写的字，无论是"一见有喜"还是"你也来了"，都好像是街坊邻居见面打招呼一样，可爱而亲切。人们为什么会不怕无常来招魂，也就是说为什么不怕死呢？这就是鲁迅的真实意图：人间的折磨和苦痛实在太多，见到无常就代表着自己可以告别这苦难的现实生活，到有公理的阴间去过美好的生活了。

虽说在目连戏里，无常由最开始的同情阿嫂，私自将她儿子"还阳半刻"而被"不大高明"的阎罗天子误解，并且给了"我们的活无常以不可磨灭的冤苦的印象"，随后就变成了执法不带一丝情。但在人们心里，这不能怪无常，而是因为他受了阎罗天子的督责，不得已也。真正的他，还是和以前一样，充满了情谊。若是有像帮助阿嫂儿子"还阳半刻"的"人情"，他是一定会给的。

与活无常相对的一种鬼物，叫作"死有分"。在阴司间，他"胸口靠着墙壁，阴森森地站着；那才真真是'碰壁'。凡有进去烧香的人们，必须摩一摩他的脊梁，据说可以摆脱了晦气；我小时也曾摩过这脊梁来，然而晦气似乎终于没有脱，——也许那时不摩，现在的晦气还要重罢，这一节也还是没有研究出。"写旧事立即就联想到现实，这里的"碰壁"和"晦气"都有现实所指。

活无常正是务实的"下等人"，而死有分却是虚伪的"正人君子"。正是这些

无　常

"绅士""名教授"与"下等人"组成了现实世界里两个不同的世界。"阴间"与"阳间","民间"和"官方"形成对照和对立关系。鲁迅追忆的故乡是以社会底层民众质朴信仰为依托的世界,是"下等人"的世界。鲁迅所批判的正是"绅士"的不讲公理、"正人君子"的欺骗性,他始终站在"下等人"和"愚民"一边。

在文章里,鲁迅运用虚实结合的手法,实写鬼无常,虚写人间无公正、无人情,表现阳间不如阴间的残酷事实,表明了他对公正与人性的渴望。

对于初中学生来说,《无常》确实并不是一篇容易懂的作品。一来是它的故事性不强,不像《从百草园到三味书屋》一样有明确的故事主线。二来则是,《无常》有点儿鲁迅杂文的色彩,这也是造成阅读障碍的最重要的原因。在《无常》一文中,鲁迅的笔锋一直在回忆与对现实的针砭中来回地跳脱。借写无常,其实很多时候都是在意有所指地"骂人"。

比如来看这一段:"我的故乡,在汉末虽曾经虞仲翔先生揄扬过,但是那究竟太早了,后来到底免不了产生所谓'绍兴师爷',不过也并非男女老小全是'绍兴师爷',别的'下等人'也不少。这些'下等人',要他们发什么'我们现在走的是一条狭窄险阻的小路,左面是一个广漠无际的泥潭,右面也是一片广漠无际的浮砂,前面是遥遥茫茫荫在薄雾里面的目的地'那样热昏似的妙语,是办不到的,可是在无意中,看得往这'荫在薄雾的里面的目的地'的道路很明白:求婚,结婚,养孩子,死亡。"

妨碍大家理解这一段的部分一定是这句话:"我们现在走的是一条狭窄险阻的小路,左面是一个广漠无际的泥潭,右面也是一片广漠无际的浮砂,前面是遥遥茫茫荫在薄雾里面的目的地。"这是什么意思?似乎意有所指,却完全没有思路。

同样状况的,还有这一段:"无论贵贱,无论贫富,其时都是'一双空手见阎王',有冤的得伸,有罪的就得罚。然而虽说是'下等人',也何尝没有反省?自己做了一世人,又怎么样呢?未曾'跳到半天空'么?没有'放冷箭'么?无常的手里就拿着大算盘,你摆尽臭架子也无益。""跳到半天空"与"放冷箭"到底指什么?同样让我们摸不着头脑。

如上举的这两个存在阅读障碍,让同学们"读不懂"的例子,其实都是鲁迅在借回忆无常"骂人"。鲁迅有多喜欢"骂人"呢?有人统计过,鲁迅在文章中指名道姓地"骂"过的就有一百人左右;还有很多没有指名道姓,"暗搓搓"地骂的。《无常》就属于后者。

鲁迅"骂"的是谁呢?"骂"的陈西滢。"跳到半天空"和"放冷箭"都是陈西滢在《致志摩》中用来"骂"鲁迅的话,"骂"得也是相当精彩:"他(指鲁迅)常常的无故骂人,要是那人生气,他就说人家没有'幽默'。可是要是有人侵犯了他一言半语,他就跳到半天空,骂得你体无完肤——还不肯罢休。""我们……目的地"这几句文绉绉的话,则是陈西滢在《致志摩》中发的感慨,被鲁迅拿来放在《无常》中取笑。

当我们意识到,《无常》其实是"回忆+骂人"这样的组合时,我们理解它便轻松多了:某天鲁迅想起了儿时看戏时的无常,点起一根烟,陷入了回忆,并且将自己的回忆写在了纸上。回忆着,回忆着,思维便开始发散,不由便想起了近日陈西滢"骂"自己的文章,于是愤愤然,中断回忆,借着无常暗讽几句陈西滢,讽刺够了,便继续回忆;回忆着,回忆着,思维又发散,便又暗讽几句。如此往复,便形成了此文。

为了方便同学们理解《无常》,同时也是欣赏陈西滢的笔力,将陈西滢的《致志摩》附于文后,非常精彩,值得一读。读完后再读《无常》,不仅豁然开朗,并且还会时不时笑出声来。

【比较阅读】

致 志 摩

陈西滢

志摩:

前面几封信里说起了几次周岂明先生的令兄:鲁迅,即教育部佥事周树人先生的名字。这里似乎不能不提一提。其实,我把他们一口气说了,真有些冤屈了我们的岂明先生。他与他的令兄比较起来,真是小巫遇见了大巫。

有人说,他们兄弟两都有他们贵乡绍兴的刑名师爷的脾气。这话,岂明先生自己也好像曾有部分的承认。不过,我们得分别,一位是没有做过官的刑名师爷,一位是做了十几年官的刑名师爷。

鲁迅先生一下笔就想构陷人家的罪状。他不是减,就是加,不是断章取义,便捏造些事实。他是中国"思想界的权威者",轻易得罪不得的。我既然说了这两句话,能不拿些证据来。可是他的文章,我看过了就放进了应该去的地方——说句体己话,我觉得它们就不应该从那里出来——手边却没有。只好随便举一两个例吧。好在他每篇文章都可以做很好的证据,要是你要看的话。

远一些的一个例。他说我同杨荫榆女士有亲戚朋友的关系,并且吃了她许多的酒饭。实在呢,我同杨女士非但不是亲戚,简直就完全不认识。直到前年在女师大代课的时候,才在开会的时候见过她五六面。从去年二月起我就没有去代课。我从那时起直到今天,也就没有在任何地方碰到过杨女士。

近一些的一个例。我在《现代评论增刊》里泛论图书的重要。我说孤桐先生在他未下台以前发表的两篇文章里,这一层"他似乎没看到"。(增刊六三页)鲁迅先生在前一两星期的《语丝》里就轻轻的代我改为"听说孤桐先生倒是想到了这一节,曾经发表过文章,然而下台了,很可惜",你看见吗,那刀笔吏的笔尖?

再举一个与我无关的例吧。李仲揆先生是我们相识人中一个最纯粹的学者,你是知道的。新近国立京师图书馆聘他为副馆长。他因为也许可以在北京弄出一个比较完美的科学图书馆来,也就答应了。可是北大的章程,教授不得兼差的,虽然许多教授兼二三个以至五六个重要的差使,李先生却向校长去告一年的假,在告假期内不支薪。他现在正在收束他的功课。他的副馆长的月薪不过二百五十元,你想一想,有几个肯这样干。然而鲁迅先生却一次再次的说他是"北大教授兼国立京师图书馆长,月薪至少五六百元的李四光"。

好了,不举例了。不过你要知道,就是这位鲁迅先生,他是中国"思想界的权威者","青年叛徒的首领"。

有人同我说，鲁迅先生缺乏的是一面大镜子，所以永远见不到他的尊容。我说他说错了，鲁迅先生的所以这样，正因为他有了一面大镜子。你见过赵子昂——是不是他？——画马的故事罢？他要画一个姿势，就对镜伏地做出那个姿势来。鲁迅先生的文章也是对了他的大镜子写的，没有一句骂人的话不能应用在他自己的身上。要是你不信，我可以同你打一个赌。

不是有一次一个报馆访员称我们为"文士"吗？鲁迅先生为了那名字几乎笑掉牙，可是后来某报天天鼓吹他是"思想界的权威者"，他倒又不笑了。

他没有一篇文章里不放几枝冷箭，但是他自己常常的说人"放冷箭"，并且说"放冷箭"是卑劣的行为。

他常常"散布流言"和"捏造事实"，如上面举出来的几个例，但是他自己又常常的骂人"散布流言"，"捏造事实"，并且承认那样是"下流"。

他常常的无故骂人，要是那人生气，他就说人家没有"幽默"。可是要是有人侵犯了他一言半语，他就跳到半天空，骂得你体无完肤——还不肯罢休。

他常常挖苦别人家抄袭。有一个学生抄了沫若的几句诗，他老先生骂得刻骨镂心的痛快。可是他自己的《中国小说史略》却就是根据日本人盐谷温的《支那文学概论讲话》里面的《小说》一部分。其实拿人家的著述做你自己的蓝本，本可以原谅，只要你书中有那样的声明。可是鲁迅先生就没有那样的声明。在我们看来，你自己做了不正当的事也就罢了，何苦再挖苦一个可怜的学生，可是他还尽量的把人家刻薄。"窃钩者诛，窃国者侯"，本是自古已有的道理。

他在《出了象牙之塔》的《后记》里，说起不愿译《文学者和政治家》一文的理由。他说"和中国现在的政客官僚们讲论此事，却是对牛弹琴，至于两方面的接近，在北京却时常有，几多丑态和恶行，都在这新而黑暗的阴影中开演，不过还想不出作者所说似的好招牌"。你看这才不愧为"青年叛徒的领袖"！他那种一见官僚便回头欲呕的神情，活现在纸上。可是啊，可是他现任教育部的佥事，据他自己的自传，他从民国元年便做了教育部的官，从没脱离过。所以袁世凯称帝，他在教育部，曹锟贿选，他在教育部，"代表无耻的彭允彝"做总长，他也在教育部，甚而至于"代表无耻的章士钊"。

免了他的职后,他还大嚷"佥事这一个官儿倒也并不算怎样的'区区'",怎么有人在那里钻谋补他的缺,怎样以为无足轻重的人是"慷他人之慨",如是如是,这样这样……这像"青年叛徒的领袖"吗?其实一个人做官也不大要紧,做了官再装出这样的面孔来可叫人有些恶心吧了。现在又有人送他"土匪"的名号了。好一个"土匪"。

志摩,你看,这才是中国"青年叛徒的领袖",中国的青年叛徒也可想而知了。这才是中国"思想界的权威者",中国的思想界也就可想而知了。这才是中国的"土匪"……我不得不也来庆祝中国的土匪!

志摩,不要以为我又生气了。我不过觉得鲁迅先生是我们中间很可研究的一位大人物,所以不免扯了一大段吧了。可惜我只见过他一次,不能代他画一幅文字的像——这也是一种无聊的妄想罢了,不要以为我自信能画得出这样心理繁复的人物来。

说起画像,忽然想起了本月二十三日《京报副刊》里林语堂先生画的《鲁迅先生打叭儿狗图》。要是你没有看见过鲁迅先生,我劝你弄一份看看。你看他面上八字胡了,头上皮帽,身上厚厚的一件大氅,很可以表出一个官僚的神情来。不过林先生的打叭儿狗的想象好像差一点。我以为最好的想象是鲁迅先生张着嘴立在泥潭中,后面立着一群悻悻的狗,"一犬吠影,百犬吠声",不是俗语么?可是千万不可忘了那叭儿狗,因为叭儿狗能今天跟了黑狗这样叫,明天跟了白狗那样叫,黑夜的时候还能在喑中猛不防的咬人家一口。

不写了,不写了。无聊的话也说够了。以上的二三千字已经够支持人家半年的攻击了。我现在也要说几句正经话了。

常常有人来问我,人家天天攻击我,他们不懂为什么。人家为什么攻击,我也不十分明了为什么。可是我为什么不回答,我是有理由的。

中国人私人相骂,谁的声音高就是谁的理由足。所以我宁可受些委屈,不愿意也不能与人相骂。打笔墨官司的时候,谁写得多,骂得下流,捏造得新奇就谁的理由大。所以我也宁可吃些亏,不愿意也不能与人家打官司。第一,我们不会捏造无中生有的事。第二,我们想不起那样的下流的字眼。第三,人家有的是闲功夫,好在衙门里没有别的事可做,我们不做事便没有饭吃。第四,人家能造种种的假名,看来好像人多势众,就是你所谓朋友也可用了假名来放两枝冷箭,我们却做不出这样的勾当。第五,他们的喽罗也实在多,我们虽然不是不认识人,可是他们既然对我们有几分信任,我们总不肯亦不忍鼓励他们去做这种无聊的事情。第六,他们有的是欢迎谩骂的报纸,我们觉得自己办的一个报纸如只能谩骂,还不如没有。

可是,志摩,还有一个顶大的原因。就是你所说的"漆黑一团"很容易把你围进去。我常常觉得我们现在走的是一条狭窄险阻的小路,左面是一个广漠无际的泥潭,右面也是一片广漠无际的浮砂,前面是遥遥茫茫荫在薄雾的里面的目的地。泥潭里有的是已经陷下去的人,有的在浅处,有的已经没到了口鼻。他们在号着,叫着,笑着,骂着。你要是忍不住他们的诬辱,一停足,一回头,也许就会忘了你的目的地。你要是同他们一较量,你不能不失足,那时你再不设法拔你的脚出来,你也许会陷,陷,陷,直到没头没顶才完毕,这就是我一向不爱与人较量的理由。我觉得我们的才具虽小,我们的学问虽浅薄,究竟也有它们的适当的用处。爝火虽然没有多大的光,可是不能因为有了太阳便妄自菲薄,何况还没有太阳。所以我一向总想兢兢业业的向前走,总想不让暴戾之气占据我的心。可是,志摩,这次也危险得很了!

这一次我想,我已经踏了两脚泥!我觉悟了,我大约不再打这样的笔墨官司了。

昨晚因为写另一篇文章,睡迟了,今天似乎有些发热。今天写了这封信,已经疲乏了,就打住吧。希望你恳切的指导我。

源十五,一,二八。

(原载1926年1月30日《晨报副刊》)

从百草园到三味书屋

我家的后面有一个很大①的园,相传②叫作百草园③。现在是早已并屋子一起卖给朱文公的子孙了④,连那最末次的相见也已经隔了七八年⑤,其中似乎⑥确凿⑦只有一些野草;但那时却是⑧我的乐园⑨。

不必说碧绿的菜畦⑩,光滑的石井栏⑪,高大的皂荚树,紫红的桑椹⑫;也不必说鸣蝉在树叶里长吟,肥胖的黄蜂伏在菜花上⑬,轻捷的叫天子(云雀)忽然从草间直窜向云霄里去了⑭。单是周围的短短的泥墙根一带,就有无限趣味。油蛉在这里低唱,蟋蟀们在这里弹琴。翻开断砖来,有时会遇见蜈蚣;还有斑蝥⑮,倘若用手指按住它的脊梁,便会拍的一声,从后窍喷出一阵烟雾。何首乌藤和木莲藤缠络着,木莲有莲房一般的果实,何首乌有拥肿的根⑯。有人说,何首乌根是有像人形的,吃了便可以成仙⑰,我于是常常拔它起来,牵连不

① "很大"是孩子的感觉,在成人看来其实并不大。
② 历史悠久,是个老园子了。
③ 园如其名,是个普通园子。
④ 故土、故园——"祖产"离"我"而去,不能不有些感慨。
⑤ 确实远离了"我",早已物是人非。
⑥ 年代久远,记忆模糊。
⑦ 事实如此,实在只是个普通园子。
⑧ 转折,文章往往从转折处生发出来。
⑨ 荒园——成人视角,乐园——儿童视角。
⑩ 首先提到菜畦,因为在成人看来,那是园中最主要的事物。说白了,百草园其实是个菜园。
⑪ 成人看来是悠久历史的见证,小孩眼里是一处好玩的地方。
⑫ 摘桑椹,好吃,好玩。
⑬ 孩子眼中特有的景象!
⑭ "窜",速度快,才显得"忽然"用得恰当。提到了鸟雀,因为这是孩子们的视角;成人进入百草园关注的肯定不是鸟雀,而是园蔬(今天的成人游客则往往会注意到"百草园"三个字的石刻,以及泥墙上《从百草园到三味书屋》的鲁迅手迹全文)。
⑮ 从"斑蝥"开始,作者的笔墨开始放开,句式由整到散,由拘谨到自由,变得活泼起来。

⑯ 何首乌更有趣——小孩子都对带点神秘色彩的东西感兴趣——所以详写的是何首乌。
⑰ 孩子对成仙未必感兴趣,只是觉得太神奇了。

断地拔起来⑱,也曾因此弄坏了泥墙,却从来没有见过有一块根像人样。如果不怕刺,还可以摘到覆盆子,像小珊瑚珠攒成的小球,又酸又甜,色味都比桑椹要好得远⑲。

(编者注:本节的精彩,人们往往认为在"不必说……也不必说……单是……就有……"这样的句式中。特别是前面的几句,更是让人叹赏有加,分析不已。而我认为,这几句是成人——作家鲁迅在郑重地写文章,这么精整的句式只有作家才写得出来。后来提到"斑蝥",作家的笔墨不由自主地放开了,真正进入了兴味盎然的童年回忆中,句式才变得欢快活泼起来。自然是孩子成长的真正乐园。亲近自然,是孩子最重要的天性之一。顺应孩子天性的教育,才是最好的教育。)

长的草里是不去的⑳,因为相传㉑这园里有一条很大的赤练蛇㉒。

长妈妈曾经讲给我一个故事听:先前,有一个读书人住在古庙里用功,晚间,在院子里纳凉的时候,突然听到有人在叫他。答应着,四面看时,却见一个美女的脸露在墙头上,向他一笑,隐㉓去了。他很高兴;但竟给那走来夜谈的

⑱ 这句式多妙!想象一下吧,真像"拔起来"什么一样。

⑲ "远",笔墨荡开,回味悠长——淡淡的回味。

⑳ 笔墨又突然收回来。
㉑ 有"相传"才有有趣的故事。
㉒ 更神秘恐怖的东西要出现了。

㉓ 一"露"一"隐",谁人能不心旌摇荡?何况是古庙里用功的书生!

老和尚识破了机关㉔。说他脸上有些妖气，一定遇见"美女蛇"了；这是人首蛇身的怪物，能唤人名，倘一答应，夜间便要来吃这人的肉的。他自然吓得要死，而那老和尚却道无妨，给他一个小盒子，说只要放在枕边，便可高枕而卧。他虽然照样办，却总是睡不着，——当然睡不着的㉕。到半夜，果然来了，沙沙沙！门外像是风雨声。他正抖作一团时，却听得豁的一声，一道金光从枕边飞出，外面便什么声音也没有了，那金光也就飞回来，敛㉖在盒子里。后来呢？后来㉗，老和尚说，这是飞蜈蚣，它能吸蛇的脑髓，美女蛇就被它治死了㉘。

结末的教训是：所以倘有陌生的声音叫你的名字，你万不可答应他㉙。

这故事很使我觉得做人之险㉚，夏夜乘凉，往往有些担心，不敢去看墙上㉛，而且极想得到一盒老和尚那样的飞蜈蚣㉜。走到百草园的草丛旁边时，也常常这样想。但直到现在，总还是没有得到，但也没有遇见过赤练蛇和美女蛇。叫我名字的陌生声音自然是常有的，然而都不是美女蛇㉝。

（编者注：民间故事有好有差，好听、吸

㉔ 老和尚识破了其中的奥秘。

㉕ 这话太妙了——"当然睡不着的"，他如何睡得着？

㉖ 一"飞"一"敛"，形象生动。
㉗ 完全是自说自话的讲故事口吻了，这时候还会有"不必说，也不必说"那样工整拘谨的句式吗？
㉘ 岂不扫兴？在传说里，蜈蚣向来不是好东西。
㉙ 民间故事往往会有一个"教训"式的结尾。但孩子们向来不理这样的教训，他们的兴趣只在故事本身。
㉚ 大词小用，鲁迅式幽默之一。

㉛ 恐怖故事带来的恐怖感，是夏夜乘凉的重要乐趣之一。你可曾享受过？
㉜ 把故事当真了，到底是孩子。

㉝ 这几句就是鲁迅的真幽默了。——然而都不是美女蛇，有点失望吧？

引人就是它的生命力。至于"对孩子成长的作用"这样的宏大命题,一个小小的民间故事是难以承受其重的。从迷信的批判角度去读解这样的故事就太过认真了。

孩子都有好奇心。神秘、恐怖、玄幻、灵异之类的故事,今天在青少年中依然流行,大家可曾细细想过其中的原因?)

冬天的百草园比较的无味;雪一下,可就两样了㉞。拍雪人㉟和塑雪罗汉需要人们鉴赏,这是荒园㊱,人迹罕至,所以不相宜,只好㊲来捕鸟。薄薄的雪,是不行的;总须积雪盖了地面一两天㊳,鸟雀们久已无处觅食的时候才好。扫开一块雪,露出地面,用一枝短棒支起一面大的竹筛来,下面撒些秕谷,棒上系一条长绳,人远远地牵着,看鸟雀下来啄食,走到竹筛底下的时候,将绳子一拉,便罩住了㊴。但所得的是麻雀居多,也有白颊的"张飞鸟",性子很躁,养不过夜的。

这是闰土的父亲所传授的方法,我却不大能用。明明见它们进去了,拉了绳,跑去一看,却什么都没有,费了半天力,捉住的不过三四只。闰土的父亲是小半天便能捕获几十只,装在叉袋里叫

㉞ 南方少雪。一下雪,激动人心的事可多了。
㉟ 将自己的全形印在雪上。
㊱ 终于直接告诉我们百草园是"荒园"了。
㊲ 是"只好"吗?其实是"最好"。

㊳ 对于少雪的江南来说,这就更难得了。

㊴ 大家都会注意这些动词。写作的"细节化""专业化"功夫就体现在这里。孩子们写作往往缺乏细节,为什么?细节来源于生活啊!这样一连串的"高难度"动作,不是人人皆可为之的。

着撞着的㊵。我曾经问他得失的缘由，他只静静地笑道：你太性急，来不及等它走到中间去㊶。

（编者注：

活动是孩子成长的重要方式。

这个活动有什么用？太多的功利性，活动已经失去了活动本身的意义。

我们今天的"课外活动"，往往是补习功课，艺术、体育特长训练。孩子们听到"活动"二字，往往撇起小嘴。

"活动中心"之类，是孩子们的乐园吗？"活动"是随时随地的，往往不需要"中心"。

悠悠的回味——小小的恐怖——淡淡的遗憾。

自由自在的童年就这样过去了。）

我不知道㊷为什么家里的人要将我送进书塾里去了，而且还是全城中称为最严厉㊸的书塾。也许是因为拔何首乌毁了泥墙罢，也许是因为将砖头抛到间壁的梁家去了罢，也许是因为站在石井栏上跳下来罢㊹，……都无从知道。总而言之：我将不能常到百草园了。Ade㊺，我的蟋蟀们！Ade，我的覆盆子们和木莲们！……

㊵ 描写如画，胜过画。

㊶ 淡淡的遗憾。

㊷ 儿童视角。大人们的举动，不知有多少都是孩子们无法"知道"，无法理解的。

㊸ "最严厉"在大人看来，是好学校的标志；在孩子眼里，却只有可怕吧。

㊹ 大人们的心高深莫测，是孩子再多的"也许"都猜不到的。写文章的作者知道，读者知道，偏偏当时的迅哥儿不知道。

㊺ 这两个"Ade"，是文章的神来之笔。孩子的童心童趣就在这里，成年鲁迅下笔时的自得也在这里，苦涩的微笑和微笑里的苦涩都在这里。任何一个读过本文的读者，都不会忘记这两个"Ade"。

出门向东，不上半里，走过一道石桥，便是我的先生的家了。从一扇黑油的竹门进去，第三间是书房。中间挂着一块扁道：三味书屋；扁下面是一幅画，画着一只很肥大的梅花鹿伏在古树下㊻。没有孔子牌位，我们便对着那扁和鹿㊼行礼。第一次算是㊽拜孔子，第二次算是拜先生。

㊻ 注意这一段的叙述方式，和前面放笔写开了的快乐的“百草园生活”形成对比：短句，单调的节奏，沉闷的句式——单调沉闷的生活就此开始了。
㊼ 鹿，禄也；肥大的鹿，高官厚禄也。很功利的读书目的：千钟粟，黄金屋。
㊽ 体会一下“算是”的语调，和语调下的语义。

（编者注：仪式，是教育的重要方式和内容。不少学校的校园文化首先就体现在一套特殊的仪式中。）

第二次行礼时，先生便和蔼地㊾在一旁答礼。他是一个高而瘦的老人，须发都花白了㊿，还戴着大眼镜(51)。我对他很恭敬，因为我早听到(52)，他是本城中极方正，质朴，博学的人(53)。

不知从那里听来的，东方朔也很渊博(54)，他认识一种虫，名曰“怪哉”，冤气所化，用酒一浇，就消释了(55)。我很想详细地知道这故事，但阿长是不知道的，因为她毕竟不渊博。现在得到机会了，可以问先生。

“先生，‘怪哉’这虫，是怎么一回事？……”我上了生书，将要退下来的时候，赶忙问。

㊾ 第一印象。
㊿ 看来，代沟是不可避免了。
(51) 有学问。
(52) 名声在外，妇孺皆知。许多地方上的名师都是如此，他们的名声被代代相传。
(53) 由下文可知，一个孩子是很难真正了解老师的“方正、质朴、博学”的。师生之间有着多少隔膜啊。
(54) 由先生的博学突然跳到东方朔的渊博，这种很无稽很跳跃的思维，是孩子的思维特点，也是鲁迅的重要思维特点。
(55) 在孩子眼里，一个人能知道很稀奇古怪的事情，才称得上“渊博”。

"不知道!"他似乎很不高兴,脸上还有怒色了㊶。

我才知道做学生是<u>不应该问这些事的</u>,<u>只要读书</u>,<u>因为他是渊博的宿儒</u>,<u>决不至于不知道</u>,<u>所谓不知道者</u>,<u>乃是不愿意说</u>㊷。年纪比我大的人,往往如此,我遇见过好几回了。

(编者注:现在,有不少"好学生",老师跟他们讲课外的"不考的东西"的时候,哪怕再有趣再深刻,他们也会皱起眉头来,因为他们很清楚地知道——这是在"浪费"时间,高考不考的东西还学它干什么?这是现在教育的悲哀之一!)

我就只㊸读书,正午习字,晚上对课。先生最初这几天对我很严厉㊹,后来却好起来了,不过给我读的书渐渐加多,对课也渐渐地加上字去,从三言到五言,终于到七言㊺。

(编者注:比较一下古今教育内容的变更,私塾教育的"落后"和今天教育的"进步"就很容易看出来。但,今天的教育也可以从以前私塾教育中汲取有益营养。如果仔细探讨一下,这应该是一件很有意思的事情。)

三味书屋后面也有一个园㊻,虽然

㊶ 孩子好学好问的劲头,就这样被打击了。以前的私塾教育师生间的课外交流多吗?今天的学校教育呢?

㊷ 注意加横线的这一组词,太有意思了。不考的不讲,不该讲的不讲,多少年的"老传统"啊!学校、老师都是功利的,孩子是天真的。孩子的好学是出于好奇的天性,在大人们看来这种好学是"不务正业"。一个真正优秀的老师往往能顺着孩子的天性,并善于开发和引导孩子的天性。

㊸ 无奈啊。

㊹ 这是老师的下马威。

㊺ 进展还是很快的。鲁迅小时候的活泼调皮也在对对子中表现了出来。有一次,寿老先生出了个"独角兽"联让学生对,有学生对了"两头蛇""四眼狗""八角虫""九头鸟"等,先生都不满意。之后鲁迅对了"比目鱼",寿老先生拍案叫好,连声称赞。因为"独"不是数词,但有"单"意;"比"也不是数词,但有"双"意。而且"独角兽"乃祥瑞之物;"比目鱼"则是佳品,对得极妙(对对子最能看出一个人的知识储备和语言运用能力,是传统教育的精华之一)。

㊻ 太好了!

小,但在那里也可以爬上花坛去折蜡梅花,在地上或桂花树上寻蝉蜕㊷。最好的工作是捉了苍蝇喂蚂蚁,静悄悄地没有声音㊸。然而同窗们到园里的太多,太久,可就不行了㊹,先生在书房里便大叫起来:

"人都到那里去了?!"

(编者注:和百草园的生活比较一下,看看有约束和没有约束的活动的区别。

百草园的活动是"自由自在"的,三味书屋后园的活动则在大人的管束阴影下。

其实,百草园也不过是一个狭小的天地,当时的孩子们的活动范围可想而知。但如此狭小的天地,也带给孩子们"无限趣味"了!

到了三味书屋,一天到晚是单调的功课,更为狭小的生活空间,如果再不"活动活动",岂不太闷了吗?寿老先生的有意放纵还是很科学,很有道理的。但也不能太放纵,要适可而止哦——到时候了——读书!)

人们便一个一个陆续走回去;一同回去,也不行的㊺。他有一条戒尺,但是不常用,也有罚跪的规则,但也不常用㊻,普通总不过瞪几眼,大声道:

㊷ 孩子们对"活动"的开发能力是很强的。

㊸ 这是句妙话,体会一下。

㊹ 先生负责任吗?不负责任吗?宽严之间的处理,永远是一门探索不尽的学问。

㊺ 为什么"也不行的"?

㊻ 先生的"和蔼"就体现在这种地方。

“读书!”

于是大家放开喉咙读一阵书,真是人声鼎沸。有念“仁远乎哉我欲仁斯仁至矣”的,有念“笑人齿缺曰狗窦大开”的,有念“上九潜龙勿用”的,有念“厥土下上上错厥贡苞茅橘柚”的(67)……。先生自己也念书。后来,我们的声音便低下去,静下去了,只有他还大声朗读着:

“铁如意,指挥倜傥,一座皆惊呢～～;金叵罗,颠倒淋漓噫,千杯未醉嗬～～……。”(68)

我疑心这是极好的文章,因为读到这里,他总是微笑起来,而且将头仰起,摇着,向后面拗过去,拗过去(69)。

(67) 想象当时的画面,真是太有意思了。这样的句子孩子们能懂吗?私塾教育的死记硬背就在这样的地方体现出来了。

(68) 这一句和下一句是文章的又一处神来之笔!比较一下,我们会发现,孩子们念书的那几句是没有标点符号的。

(69) 先生真是投入啊!

(编者注:你如何评价寿老先生?鲁迅自己是怎么看的?

客观的评价——温情的回忆。)

先生读书入神的时候,于我们是很相宜的。有几个便用纸糊的盔甲套在指甲上做戏。我是画画儿,用一种叫作“荆川纸”的,蒙在小说的绣像上一个个描下来,像习字时候的影写一样。读的书多起来,画的画也多起来;书没有读成,画的成绩却不少了,最成片段的是《荡寇志》和《西游记》的绣像,都有一大本。后来,因为要钱用,卖给一个有钱的同窗了。他的父亲是开锡箔店的⑦;听说现在自己已经做了店主,而且快要升到绅士的地位了。这东西早已没有了罢。

⑦ 对照一下开头,百草园早已并屋子一起卖给朱文公的子孙了,自己画的绣像更早的时候就卖给有钱的同窗了。唉!都没有了。还好,童年的记忆是卖不掉的。"朝花"可以"夕拾"。

九月十八日。

(编者注:三味书屋的描写,当然有它的动人之处。许多人说它批判了束缚儿童身心健康发展的封建教育体制。我倒宁肯相信,那仍然是鲁迅对儿时的一种记忆,虽然,它不够美好。

我常常想,这样一位"横眉冷对千夫指,伏首甘为孺子牛""寄意寒星荃不察,我以我血荐轩辕"的充满大无畏精神的斗士,能够写出如此充满情调、洋溢着诗情画意的美文,是我们的幸运,也是鲁迅本人的幸运。因为,这才是真正的——人。)

【尾评】

散文反映作家亲身体验与心灵感悟,融入了作家个人情感、审美情趣,具有鲜明的"自我"的文体。名家的散文创作,多为记景抒情、闲情逸事、读书札记、怀人念旧之文。

名家已然是成人,但每个成人曾经都是孩子,他们的笔下,总有割舍不断的赤子之心。念童年喜乐,忆儿时趣事,许多名家在散文作品中缓缓地抒发着他们对过去美好时光的感怀与念想。

【比较阅读】

帕乌斯托夫斯基笔下的童年生活片段

戈罗季谢已是夏季当令——炎热的夏天经常有可怕的雷雨,树木喧哗,河水清凉,可以捕鱼,有木莓丛,还有夏季里无忧无虑、一天和一天不同的那种愉快的感觉。

爷爷的农舍所在的那个小岛当然是世界上最神秘的地方。

屋后有两个又大又深的池塘。由于那些老柳树和发黑的池水,那里似乎总是昏暗的。

池塘后面沿斜坡向上有一片小树林,其中夹杂着无法通行的榛树丛。过了小树林,开始出现林间空地。林间空地上长满齐腰深的野花,香气浓郁,在大热天里简直熏得人头痛。

过了林间空地,在养蜂场上、爷爷的窝棚附近,冒起一缕轻烟。爷爷的窝棚后面是一些没人去过的地方——红色的花岗石山岩上爬满匐枝的灌木丛和干枯的草莓。

在这些陡峭的山岩深处有一些雨水积成的小湖。一些鹡鸰抖动着五颜六色的尾巴,在喝这些小湖里温暖的水。几只行动笨拙而又厚颜无耻的熊蜂猛飞过来,落到湖里,嗡嗡叫着在水里打转,徒然地发出求救的呼声。

山岩的尽头是罗西河,形成一面峭壁。大人们禁止我们到那里去。但我们有时爬到峭壁边上,向下看去。罗西河仿佛是一条拉紧的透明的急流,以令人头晕目眩的速度奔流而下。水里有一些细长的鱼,轻轻抖动着,逆流而上,慢慢向上游游去。

河对岸,布兰尼茨卡娅伯爵夫人的树林沿斜坡向上延伸,阳光无法透过这片茂密的绿色林海。只是偶尔有一道孤单单的光线斜射穿过密林,在我们面前显示出植物的惊人的力量。一些小鸟儿好似闪闪发光的微尘飞进这道光线里来。它们尖叫着互相追逐,潜入叶丛,仿佛是潜入绿色的水里。

但我最喜爱的地方是池塘。每天早晨父亲都到那里去钓鱼,他总是把我带了去。

我们很早就从家里出来,踩着沉甸甸、湿漉漉的杂草,小心翼翼地走着。初升的太阳照亮柳枝,于是它们好像变成许多静静的金色斑点,在黑黝黝的、仿佛仍然在夜间的叶丛中发出光来。鲫鱼在幽静的池水中游动,发出哗哗的响声。一丛丛睡莲、眼子菜、慈姑和水荞麦宛如悬挂在黑色的无底深渊上。

水和植物的神秘世界展现在我的面前。这一世界的魅力是如此伟大,以至我可以从日出到日落一直坐在池塘边。

父亲毫无声响地抛出钓钩,抽起烟来。烟草冒出来的烟在水面上飘散着,缭绕在岸边的树枝之间。

我从池塘里给水桶灌满了水,往水里扔了些草,等待着。红色的浮子一动不动地停在水面上。后来其中一个开始抖动起来,使水面上出现一些勉强可以看到的圆圈,突然向下一沉,或者很快地漂向一边。父亲拉一拉钓竿,钓丝绷紧了,胡桃木的钓竿稍弯成了弧形。于是在晨雾之中,池塘上开始发出汩汩的、噼里啪啦的、忙乱的响声。水摇曳着睡莲,向四面流去,水龟急忙四散奔逃。最后,在神秘莫测的深水处出现了颤动的金光。在父亲把一条沉甸甸的鲫鱼拉到被践踏过的草地上以前,无法看清这是什么。鲫鱼躺在草地上,鱼鳃一起一伏,鱼鳍在动,从它的鳞片上散发出水下王国的一股奇妙的气味。

我把鲫鱼放进水桶里。它在草中间翻动着,突然一甩尾巴,溅了我一脸水花。我舔净溅到嘴唇上的水珠,真想从水桶里痛痛快快地喝它一个够,可是父亲不准我喝。

我觉得装着鲫鱼和草的水桶里的水想必和雷雨时的雨水一样香,一样有味儿。我们小男孩们都贪婪地喝雷雨时的雨水,深信这样就会活到120岁。至少涅奇波尔是这样深信不疑的。

父亲的病

大约十多年前吧，S城中曾经盛传过一个名医的故事：

他出诊原来是一元四角，特拔十元，深夜加倍，出城又加倍。有一夜，一家城外人家的闺女生急病，来请他了，因为他其时已经阔得不耐烦，便非一百元不去。他们只得都依他。待去时，却只是草草地一看，说道"不要紧的"，开一张方，拿了一百元就走。那病家似乎很有钱，第二天又来请了。他一到门，只见主人笑面承迎，道，"昨晚服了先生的药，好得多了，所以再请你来复诊一回。"仍旧引到房里，老妈子便将病人的手拉出帐外来。他一按，冷冰冰的，也没有脉，于是点点头道，"唔，这病我明白了。"从从容容走到桌前，取了药方纸，提笔写道：

"凭票付英洋壹百元正。"下面是署名，画押。

"先生，这病看来很不轻了，用药怕还得重一点罢。"主人在背后说。

"可以,"他说。于是另开了一张方:

"凭票付英洋贰百元正。"下面仍是署名,画押。

这样,主人就收了药方,很客气地送他出来了①。

我曾经和这名医周旋过两整年②,因为他隔日一回,来诊我的父亲的病。那时虽然已经很有名,但还不至于阔得这样不耐烦;可是诊金却已经是一元四角。现在的都市上,诊金一次十元并不算奇,可是那时是一元四角已是巨款,很不容易张罗的了;又何况是隔日一次。他大概的确有些特别,据舆论说,用药就与众不同。我不知道药品,所觉得的,就是"药引"的难得,新方一换,就得忙一大场。先买药,再寻药引。"生姜"两片,竹叶十片去尖,他是不用的了。起码是芦根,须到河边去掘;一到经霜三年的甘蔗,便至少也得搜寻两三天。可是说也奇怪,大约后来总没有购求不到的③。

据舆论说,神妙就在这地方。先前有一个病人,百药无效;待到遇见了什么叶天士先生,只在旧方上加了一味药引:梧桐叶。只一服,便霍然而愈了。"医者,意也。"其时是秋天,而梧桐先知秋气。其先百药不投,今以秋气动之,以气感气,所以……。我虽然并不了然,但

① 很多人没有看懂此段。第二次看诊时,"冷冰冰的,也没有脉"表示这个人已经死了,死了人又把医生叫回来,言外之意可想而知。所以文章一开始就是一个"医闹"的故事。鲁迅只有把这个丑事说出来,才能缓解一下对庸医的恨意。"只见主人笑面承迎"的背后埋伏着八百刀斧手是有点夸张,一顿拳脚相加恐怕已经箭在弦上了。读到此处,真是让人捏一把冷汗。

医生一看人死了,马上退回诊金。主人不满意,只一句话,医生立刻就把赔偿金额翻了一番。没有讨价还价,没有迟疑,没有试图推卸责任,甚至连问一下家属想要多少都不问,如此干净利索,所以家属只好"很客气"地将其送出。

② "周旋"一词大可品味。

③ 确实奇怪。

也十分佩服,知道凡有灵药,一定是很不容易得到的,求仙的人,甚至于还要拚了性命,跑进深山里去采呢④。

(编者注:此处鲁迅心里实际上是认定以上理论是无稽之谈,是庸医在骗人。但是鲁迅还是给第一个庸医留了点面子,没有点名道姓。而对第二个"学术范"的庸医何廉臣,则直接将其名字倒过来变成"陈莲河",就是指他颠倒错乱。)

④ 因为迷信,甚至丢了自己的生命,这是非常可笑的,也是可悲的。

这样有两年,渐渐地熟识,几乎是朋友了。父亲的水肿是逐日利害,将要不能起床;我对于经霜三年的甘蔗之流也逐渐失了信仰,采办药引似乎再没有先前一般踊跃了。正在这时候,他有一天来诊,问过病状,便极其诚恳地说:

"我所有的学问,都用尽了。这里还有一位陈莲河先生,本领比我高。我荐他来看一看,我可以写一封信。可是,病是不要紧的,不过经他的手,可以格外好得快……。"⑤

⑤ 既然经别人的手可以好得快,为何两年后才说?可见病人家属的议论是对的。没有医好,就介绍别人来医治。"名医"的形象如雕刻般越刻越深,为了保全名声不顾病人的死活。

这一天似乎大家都有些不欢,仍然由我恭敬地送他上轿。进来时,看见父亲的脸色很异样,和大家谈论,大意是说自己的病大概没有希望的了;他因为看了两年,毫无效验,脸又太熟了,未免有些难以为情,所以等到危急时候,便荐一个生手自代,和自己完全脱了干系。但另外有什么法子呢?本城的名医,除他之外,实在也只有一个陈莲河了。明天就请陈莲河⑥。

陈莲河的诊金也是一元四角。但前回的名医的脸是圆而胖的,他却长而胖了:这一点颇不同。还有用药也不同,前回的名医是一个人还可以办的,这一回却是一个人有些办不妥帖了,因为他一张药方上,总兼有一种特别的丸散和一种奇特的药引。

芦根和经霜三年的甘蔗,他就从来没有用过。最平常的是"蟋蟀一对",旁注小字道:"要原配,即本在一窠中者。"似乎昆虫也要贞节,续弦或再醮,连做药资格也丧失了。但这差使在我并不为难,走进百草园,十对也容易得,将它们用线一缚,活活地掷入沸汤中完事。然而还有"平地木十株"呢,这可谁也不知道是什么东西了,问药店,问乡下人,问卖草药的,问老年人,问读书人,问木匠,都只是摇摇头,临末才记起了那远房的叔祖,爱种一点花木的老人,跑去一问,他果然知道,是生在山中树下的一种小树,能结红子如小珊瑚珠的,普通都称为"老弗大"。

"踏破铁鞋无觅处,得来全不费功夫。"药引寻到了,然而还有一种特别的丸药:败鼓皮丸。这"败鼓皮丸"就是用打破的旧鼓皮做成;水肿一名鼓胀,一用打破的鼓皮自然就可以克

⑥ 注意这一大段无奈的话语之后的简单结果:明天就请陈莲河。无奈、期待等等都在其中,真是百味杂陈。

伏他。清朝的刚毅因为憎恨"洋鬼子",预备打他们,练了些兵称作"虎神营",取虎能食羊,神能伏鬼的意思,也就是这道理。可惜这一种神药,全城中只有一家出售的,离我家就有五里,但这却不像平地木那样,必须暗中摸索了,陈莲河先生开方之后,就恳切详细地给我们说明⑦。

"我有一种丹,"有一回陈莲河先生说,"点在舌上,我想一定可以见效。因为舌乃心之灵苗……。价钱也并不贵,只要两块钱一盒……。"

我父亲沉思了一会,摇摇头。

"我这样用药还会不大见效,"有一回陈莲河先生又说,"我想,可以请人看一看,可有什么冤愆……。医能医病,不能医命,对不对?自然,这也许是前世的事……。"

我的父亲沉思了一会,摇摇头⑧。

凡国手,都能够起死回生的,我们走过医生的门前,常可以看见这样的匾额。现在是让步一点了,连医生自己也说道:"西医长于外科,中医长于内科。"但是S城那时不但没有西医,并且谁也还没有想到天下有所谓西医,因此无论什么,都只能由轩辕岐伯的嫡派门徒包办。轩辕时候是巫医不分的,所以直到现在,他的门徒就还见鬼,而且觉得"舌乃心之灵

⑦ 不同的人用不同药引,表面上看是水平或认识不同,实际上就是故弄玄虚。鲁迅用药引的荒诞来证明庸医的玄虚。

⑧ 读完这几节文字,回头看看第一位"名医"辞别时说的话,真叫人无语,真叫人悲愤。

苗"。这就是中国人的"命",连名医也无从医治的⑨。

不肯用灵丹点在舌头上,又想不出"冤愆"来,自然,单吃了一百多天的"败鼓皮丸"有什么用呢?依然打不破水肿,父亲终于躺在床上喘气了。还请一回陈莲河先生,这回是特拔,大洋十元。他仍旧泰然的开了一张方⑩,但已停止败鼓皮丸不用,药引也不很神妙了,所以只消半天,药就煎好,灌下去,却从口角上回了出来。

从此我便不再和陈莲河先生周旋,只在街上有时看见他坐在三名轿夫的快轿里飞一般抬过;听说他现在还康健,一面行医,一面还做中医什么学报,正在和只长于外科的西医奋斗哩⑪。

中西的思想确乎有一点不同。听说中国的孝子们,一到将要"罪孽深重祸延父母"的时候,就买几斤人参,煎汤灌下去,希望父母多喘几天气,即使半天也好。我的一位教医学的先生却教给我医生的职务道:可医的应该给他医治,不可医的应该给他死得没有痛苦。——但这先生自然是西医⑫。

父亲的喘气颇长久,连我也听得很吃力,然而谁也不能帮助他。我有时竟至于电光一闪似的想道:"还是快一点喘完了罢……。"⑬立

⑨ 对请医找药持续奔走的平实叙述背后,既透着鲁迅对父亲的拳拳的爱,也在此批判了庸医的玄虚、不科学。

这段话貌似鲁迅在痛斥无用的中医,实际上,往内引申就会切中当时医疗发展的要害,即医疗行业会自动收敛封闭。只有两个医生,联合包办了中产阶级(包括鲁迅家)的医疗,其他学医的人都得不到机会。为什么鲁迅一家已经破落依旧还不得不花大钱请这两位医生?难道绍兴就没有其他医生了吗?这些问题值得深究。

⑩ 医者父母心,注意这"泰然"二字,注意"大洋十元"。

⑪ 医道堕入巫道,除去人品之外,也是当时社会风气所致。药资之昂贵,行医之敷衍,思想之顽固,可见"名医"不在行医治病救人,旨在为利为己,有类于披着羊皮之狼,挂着羊头卖狗肉。

⑫ 颠覆中国传统思想。那些所谓的"孝子"真的有体会到父母那种违背身体意愿的痛苦吗?

⑬ 如果是普通家庭,孩子们想都不会想这种事;就算是想了,也不可能会这样写出来。其实这种思想,何尝不是为了父亲着想呢?何尝不是为了让父亲更早解脱呢?这就是鲁迅和其他人的不同之处。

刻觉得这思想就不该,就是犯了罪;但同时又觉得这思想实在是正当的,我很爱我的父亲。便是现在,也还是这样想。

早晨,住在一门里的衍太太进来了。她是一个精通礼节的妇人,说我们不应该空等着。于是给他换衣服;又将纸锭和一种什么《高王经》烧成灰,用纸包了给他捏在拳头里……。

"叫呀,你父亲要断气了。快叫呀!"衍太太说。

"父亲!父亲!"我就叫起来。

"大声!他听不见。还不快叫?!"

"父亲!!!父亲!!!"

他已经平静下去的脸,忽然紧张了,将眼微微一睁,仿佛有一些苦痛。

"叫呀!快叫呀!"她催促说。

"父亲!!!"

"什么呢?……不要嚷。……不……。"他低低地说,又较急地喘着气,好一会,这才复了原状,平静下去了。

"父亲!!!"我还叫他,一直到他咽了气⑭。

我现在还听到那时的自己的这声音,每听到时,就觉得这却是我对于父亲的最大的错处。

(编者注:这几段描述了父亲死前发生的事情。"我"为什么要大叫"父亲!父亲!"呢?因为父亲要

⑭ 注意以上几个段落中的短句,以及丛林一般的感叹号。注意病人的虚弱无力,体会家人的悲痛和无助。

离去了,大声叫让他再多活一会儿?让他重新保持着清醒。这是非理智的做法,于活着的人是情感的慰藉,于死者却是痛苦。鲁迅明白这种痛,父亲想安静地走,呻吟道:"什么呢?……。不要嚷……。不……。"较急地喘着气,"我"却还叫他,一直到他咽了气。最不忍回念的往事,鲁迅却将此一字一字地写了下来。鲁迅学医的时候,伦理学成绩有八十三分。至此,我们可以想象,这份煎熬之深——伤口深处是浓浓的爱,而他只能用痛去疗伤。这本意是可以理解的,但是那一句"眼微微一睁,仿佛有一些苦痛"则是很悲哀的。恐怕当场关注到"父亲"痛苦的,也只有鲁迅先生吧。)

十月七日。

【尾评】

在鲁迅作品中,父亲具有特殊的文化意义,父亲死了,父亲病了,成为鲁迅小说常出现的形态。在《祝福》中,当鲁迅再次回到故乡鲁镇的时候,虽然是故乡,但是已经没有了家,只能寄宿在鲁四爷家,暗示着父亲已死的事实。在《故乡》当中,当闰土以父亲的身份与鲁迅再见面的时候,彼此之间的兄弟之情已经荡然无存,已经变成了老爷与奴仆的关系,而且他还命令自己的儿子水生给鲁迅磕头,此时闰土已经成为一个木偶人。闰土已经变成了麻木的父亲,他又将这种麻木施加在年轻的水生身上,这似乎成了死循环。在鲁迅的笔下,"父亲"不再是自己崇拜的对象,而是传统习俗的卫道夫,呈现一种病态的模样。

鲁迅在小小的年纪就体会到儿子的多重含义，自己既笼罩在父亲的权威下，又要承担长子如父的家庭责任。

1896年，鲁迅父亲去世之后，鲁迅就代表着自己这一家和族中的十多户族人议事。这些名分上的长辈，却常常讥讽和欺辱鲁迅，大家常常用共议的名义，来逼着鲁迅表态。鲁迅不仅遭到同族人的欺辱，同时还要肩负起父亲没有完成的责任，重振家业。

1909年，为了给要结婚的弟弟凑费用，留学日本的鲁迅毅然决定回国。1919年鲁迅卖掉了绍兴的老宅，用自己的积蓄在北平买了一套宅子，实现了十三口人的大团圆，尽到长子如父的责任。鲁迅给予弟弟们如父亲一般的庇护，在这里"父亲"不再是强权的符号，而是牺牲的英雄。

父亲病重即将离世，族里的老人让鲁迅以叫魂的方式，把父亲给喊回来，可是父亲还是死了。鲁迅认为这是他"对于父亲的最大的错处"。这份自责饱含了一个儿子对父亲的爱。鲁迅在临死前几个月，写了《我的第一个师父》，其中回忆了父亲对儿子的爱护："父亲怕我有出息，因此养不大，不到一岁，便领到长庆寺里去，拜了一个和尚为师了。"

更多时候鲁迅对自己父亲的严苛是不理解的。在《五猖会》中，鲁迅回忆，他期盼已久的迎神赛会终于来了，可临出发前父亲却命令他背《鉴略》，虽然他最终完成了父亲的任务，但出发前的兴奋劲却一扫而尽，"我至今一想起，还诧异我的父亲何以要在那时候叫我来背书"。

经历了"父亲"意象的缺失，饱尝了寻找父亲的辛酸，超越了为父复仇的情感碰撞，鲁迅的生命中始终暗藏着构建理想"父亲"意象的人生哲学。

鲁迅在《呐喊》的序中说道："不愿将自己的思想，传染给别人。何以不愿，则因为我的思想太黑暗，而自己终不能确知是否正确之故。"在缺失父亲情感的前提下，他却主动扮演了父亲的角色，行使着长兄如父的职责。对于鲁迅而言，父亲的情感因素的缺失成为他的遗憾，而且难以弥补，但是他却不愿意孩子们再复制这种痛苦。

【比较阅读】

父亲的病（节选）

周作人

（上）

父亲的病大概是在乙未年的春天起头的,这总不会是甲午,因为这里有几件事可以作为反证。第一个是甲午战争:当时乡下没有新闻,时事不能及时报道,但是战争大事,也是大略知道的;八月是黄海战败之后,消息传到绍兴,我记得他有一天在大厅明堂里,同了两个本家兄弟谈论时事,表示忧虑,可见他在那时候还是健康的。在同一年的八月中,嫁在东关金家的小姑母之丧,也是他自己去吊的,而且由他亲自为死者穿衣服;这是一件极其不易的工作,须得很细心谨慎,敏捷而又亲切的人,才能胜任。小姑母是在产后因为"产褥热"而死的,所以母家的人照例要求做法事"超度";这有两种方法,简单一点的叫道士们来做"炼度",凡继续三天;其一种是和尚们的"水陆道场",前后时间共要七天。金家是当地的富家,所以就答应"打水陆",而这"道场"便设在长庆寺,离我们的家只有一箭之路,来去非常方便,但那时的事情已都忘记了。

小姑母是八月初十日去世的,法事的举行当在"五七",计时为九月十五日左右,这也足以证明他那时还没有生病。有一天从长庆寺回来,伯宜公在卧室的前房的小榻上,躺着抽烟,鲁迅便说那佛像有好多手,都拿着种种东西,里边也有骷髅;当时我不懂骷髅的意义,经鲁迅说明了就是死人头骨之后,我感到非常的恐怖,以后到寺里去对那佛像不敢正眼相看了。关于"水陆道场",我所记得的就只是这一点事,但这佛像是什么佛呢,我至今还未了然,因为"大佛"就是释迦牟尼的像,不曾见有这个样子的,但是他那丈六金身坐在大殿上,倒的确是伟大得很呢。

（中）

伯宜公生病的开端,我推定在乙未年的春天,至早可以提前到甲午年的冬天,不过很难确说了。最早的病象乃是突然的吐狂血。因为是吐在北窗外的小天井里,不能估量其有几何,但总之是不很少,那时大家狼狈情形,至今还能记得。根据旧传的学说,说陈墨可以止血,于是赶紧在墨海里研起墨来,倒在茶杯里,送去给他喝。小孩在尺八纸上写字,屡次舔笔,弄得"乌嘴野猫"似的满脸漆黑,极是平常。他那时也有这样情形,想起来时还是悲哀的,虽是朦胧的存在眼前。这乃是中国传统的"医者意也"的学说,是极有诗意的,取其黑色可以盖过红色之意;不过于实际毫无用处,结果与"水肿"的服用"败鼓皮丸"一样,从他生病的时候起,便已经定要被那唯心的哲学所牺牲的了。

父亲的病虽然起初来势凶猛,可是吐血随即停止了,后来病情逐渐平稳,得了小康。当初所请的医生,乃是一个姓冯的,穿了古铜色绸缎的夹袍,肥胖的脸总是醉醺醺的。那时我也生了不知什么病,请他一起诊治,他头一回对我父亲说道:"贵恙没有什么要紧,但是令郎的却有些麻烦。"等他隔了两天第二次来的时候,却说的相反了,因此父亲觉得他不能信赖,就不再请他。他又说有一种灵丹,点在舌头上边,因为是"舌乃心之灵苗",这也是"医者意也"的流派;盖舌头红色,像是一根苗从心里长出来,仿佛是"独立一枝枪"一样;可是这一回却不曾上他的当,没有请教他的灵丹,就将他送走完事了。

这时伯宜公的病还不显得怎么严重,他请那位姓冯的医生来看的时候,还亲自走到堂前的廊下的。晚饭时有时还喝点酒,下酒物多半是水果,据说这是能喝酒的人的习惯,平常总是要用什么肴馔的。我们在那时便去围着听他讲《聊斋》的故事,并且分享他的若干水果。水果的好吃后来是不记得,但故事却并不完全忘记,特别是那些可怕的鬼怪的故事。至今还鲜明地记得的,是《聊斋志异》里所记的"野狗猪",一种人身狗头的怪物,兵乱后来死人堆中,专吃人的脑髓,当肢体不全的尸体一起站起,惊呼道"野狗猪来了,怎么好!"的时候,实在觉得阴惨得可怕,至今虽然现在已是六十年后,回想起来与佛像手中的骷髅都不是很愉快的事情。

不过这病情的小康,并不是可以长久的事,不久因了时节的转变,大概在那一年的秋冬之交,病势逐渐地进于严重的段落了。

（下）

　　伯宜公的病以吐血开始，当初说是肺痈，现在的说法便是肺结核；后来腿肿了，便当作膨胀治疗，也究竟不知道是哪里的病。到得病症严重起来了，请教的是当代的名医，第一名是姚芝仙，第二名是他所荐的，叫做何廉臣，鲁迅在《朝花夕拾》把他姓名颠倒过来写作"陈莲河"，姚大夫则因为在篇首讲他一件赔钱的故事，所以故隐其名了。这两位名医自有他特别的地方，开方用药，外行人不懂得，只是用的"药引"，便自新鲜古怪，他们绝不用那些陈腐的什么生姜一片，红枣两颗，也不学叶天士的梧桐叶，他们的药引，起码是鲜芦根一尺。这在冬天固然不易得，但只要到河边挖掘总可到手；此外是经霜三年的甘蔗或罗卜菜，几年陈的陈仓米，那搜求起来就煞费苦心了。前两种不记得是怎么找到的，至于陈仓米则是三味书屋的寿鉴吾先生亲自送来，我还记得背了一只"钱褡"（装铜钱的褡裢），里边大约装了一升多的老米，其实医方里需用的才是一两钱，多余的米不晓得是如何处理了。还有一件特别的，那是何先生的事，便是药里边外加一种丸药，而这丸药又是不易购求的，要配合又不值得，因为所需要的不过是几钱罢了。普通要购求药材，最好往大街的震元堂去，那里的药材最是道地可靠，但是这种丸药偏又没有；后来打听得在轩亭口有天保堂药店，与医生有些关系，到那里去买，果然便顺利的得到了。名医出诊的医例是"洋四百"，便是大洋一元四角，一元钱是诊资，四百文是给那三班的轿夫的。这一笔看资，照例是隔日一诊，在家里的确是沉重的负担，但这与小孩并无直接关系，我们忙的是帮助找寻药引，例如有一次要用蟋蟀一对，且说明须要原来同居一穴的，这才算是"一对"，随便捉来的雌雄两只不能算数。在"百草园"的菜地里，翻开土地，同居的蟋蟀随地都是，可是随即逃走了，而且各奔东西，不能同时抓到。幸亏我们有两个人，可以分头追赶，可是假如运气不好捉到了一只，那一只却被逃掉了，那么这一只捉着的也只好放走了事。好容易找到了一对，用绵线缚好了，送进药罐里，说时虽快，那时却不知道要花若干工夫呢。幸喜药引时常变换，不是每天要去捉整对的蟋蟀的，有时换成"平地木十株"，这就毫不费寻找的工夫了。《朝花夕拾》说寻访平地木怎么不容易，这是一种诗的描写，其实平地木见于《花镜》，家里有这书,说明这是生在山中树下的一种小树,能结红子如珊瑚珠的。我们称它作"老弗大",扫墓回来,常拔了些来,种在家里,在山中的时候结子至多一株树不过三颗,家里种的往往可以多到五六颗。用作药引,拔来就是了,这是一切药引之中,可以说是访求最不费力的了。

经过了两位"名医"一年多的治疗,父亲的病一点不见轻减,而且日见沉重,结果终于在丙申年(一八九六)九月初六日去世了。时候是晚上,他躺在里房的大床上,我们兄弟三人坐在里侧旁边,四弟才四岁,已经睡熟了,所以不在一起。他看了我们一眼,问道:

"老四呢?"于是母亲便将四弟叫醒,也抱了来。未几即入于弥留状态,是时照例有临终前的一套不必要的仪式,如给病人换衣服,烧了经卷把纸灰给他拿着之类,临了也叫了两声,听见他不答应,大家就哭起来了。这里所说都是平凡的事实,一点儿都没有诗意,没有"衍太太"的登场,很减少了小说的成分。因为这是习俗的限制,民间俗言,凡是"送终"的人到"转䰾"当夜必须到场,因此凡人临终的时节只是限于平辈以及后辈的亲人,上辈的人决没有在场的。"衍太太"于伯宜公是同曾祖的叔母,况且又在夜间,自然更无特地光临的道理,《朝花夕拾》里请她出台,鼓励作者大声叫唤,使得病人不得安稳,无非想当她做小说里的恶人,写出她阴险的行为来罢了。

琐　　记

衍太太现在是早经做了祖母,也许竟做了曾祖母了;那时却还年青,只有一个儿子比我大三四岁。她对自己的儿子虽然狠,对别家的孩子却好的,无论闹出什么乱子来,也决不去告诉各人的父母,因此我们就最愿意在她家里或她家的四近玩①。

举一个例说罢,冬天,水缸里结了薄冰的时候,我们大清早起一看见,便吃冰。有一回给沈四太太看到了,大声说道:"莫吃呀,要肚子疼的呢!"②这声音又给我母亲听到了,跑出来我们都挨了一顿骂,并且有大半天不准玩。我们推论祸首,认定是沈四太太,于是提起她就不用尊称了,给她另外起了一个绰号,叫作"肚子疼"。

衍太太却决不如此。假如她看见我们吃冰,一定和蔼地笑着说,"好,再吃一块。我记着,看谁吃的多。"③

但我对于她也有不满足的地方。一回是很早的时候了,我还很小,偶然走进她家去,她

① 对自己儿子狠,对别家孩子好。好慈爱的邻居!先扬起来。

② 沈四太太真的很"坏"?

③ 真是"好心肠"?

正在和她的男人看书。我走近去,她便将书塞④在我的眼前道,"你看,你知道这是什么?"我看那书上画着房屋,有两个人光着身子仿佛在打架,但又不很像。正迟疑间,他们便大笑起来了。这使我很不高兴,似乎受了一个极大的侮辱,不到那里去大约有十多天。一回是我已经十多岁了,和几个孩子比赛打旋子,看谁旋得多。她就从旁计着数,说道,"好,八十二个了!再旋一个,八十三!好,八十四!……"但正在旋着的阿祥,忽然跌倒了,阿祥的婶母也恰恰走进来。她便接着说道,"你看,不是跌了么?不听我的话。我叫你不要旋,不要旋……。"⑤

　　虽然如此,孩子们总还喜欢到她那里去。假如头上碰得肿了一大块的时候,去寻母亲去罢,好的是骂一通,再给擦一点药;坏的是没有药擦,还添几个栗凿和一通骂。衍太太却决不埋怨,立刻给你用烧酒调了水粉,搽在疙瘩上,说这不但止痛,将来还没有瘢痕⑥。

　　父亲故去之后,我也还常到她家里去,不过已不是和孩子们玩耍了,却是和衍太太或她的男人谈闲天。我其时觉得很有许多东西要买,看的和吃的,只是没有钱。

　　有一天谈到这里,她便说道,"母亲的钱,你拿来用就是了,还不就是你的么?"我说母亲

④ 注意"塞"字的效果。

⑤ "变色龙"?

⑥ 真正的关心是责之切,虚假的关心是爱之伪。

没有钱,她就说可以拿首饰去变卖;我说没有首饰,她却道,"也许你没有留心。到大厨的抽屉里,角角落落去寻去,总可以寻出一点珠子这类东西……。"⑦

这些话我听去似乎很异样,便又不到她那里去了,但有时又真想去打开大厨,细细地寻一寻。大约此后不到一月,就听到一种流言,说我已经偷了家里的东西去变卖了,这实在使我觉得有如掉在冷水里。流言的来源,我是明白的,倘是现在,只要有地方发表,我总要骂出流言家的狐狸尾巴来,但那时太年青,一遇流言,便连自己也仿佛觉得真是犯了罪,怕遇见人们的眼睛,怕受到母亲的爱抚⑧。

⑦ 教唆孩子做坏事。

⑧ 以上写衍太太是一个虚伪奸猾的小市民,为下文去南京寻别样的人们做铺垫。

(编者注:"衍太太"这号人物我一直觉得没有灭绝,大有人在,就像我觉得阿Q在当今中国依然存在。你很难说她有多"坏",但是,起码属于那种阴毒的人。

鲁迅是一个心思缜密的人,他所以要留下这样一篇文字,当然是若有所指。不幸的是,在先生百年之后,"衍太太"这等人物依然存在,依然有着影响。

大千世界,芸芸众生,岂会千人一面?所以,"衍太太"这号人物的存在或许也反证了人的多样性,多变性。

我们需要警惕的是,这号面子上总是笑眯眯的人物,在那张和善的面孔之下,到底藏着多少肮脏和阴毒。)

好。那么,走罢⑨!

但是,那里去呢?S城人的脸早经看熟,如此而已,连心肝也似乎有些了然。总得寻别一类人们去,去寻为S城人所诟病的人们,无论其为畜生或魔鬼。那时为全城所笑骂的是一个开得不久的学校,叫作中西学堂,汉文之外,又教些洋文和算学。然而已经成为众矢之的了;熟读圣贤书的秀才们,还集了"四书"的句子,做一篇八股来嘲诮它,这名文便即传遍了全城,人人当作有趣的话柄。我只记得那"起讲"的开头是:

"徐子以告夷子曰:吾闻用夏变夷者,未闻变于夷者也。今也不然:鴃舌之音,闻其声,皆雅言也。……"⑩

以后可忘却了,大概也和现今的国粹保存大家的议论差不多。但我对于这中西学堂,却也不满足,因为那里面只教汉文,算学,英文和法文。功课较为别致的,还有杭州的求是书院,然而学费贵。

无须学费的学校在南京,自然只好往南京去⑪。第一个进去的学校,目下不知道称为什么了,光复以后,似乎有一时称为雷电学堂,很像《封神榜》上"太极阵""混元阵"一类的名目。总之,一进仪凤门,便可以看见它那二十丈高

⑨ 读鲁迅的文章一定要注意这种短句,尤其是独句成段的文字。

⑩ 城中唯一的一所中西学堂也成了"众矢之的",可见封建旧思想的根深蒂固,人们对新思想的不了解、不认同。

⑪ 注意"自然""只好"二词。

的桅杆和不知多高的烟通。功课也简单,一星期中,几乎四整天是英文:"It is a cat。""Is it a rat?"一整天是读汉文:"君子曰,颖考叔可谓纯孝也已矣,爱其母,施及庄公。"一整天是做汉文:《知己知彼百战百胜论》,《颖考叔论》,《云从龙风从虎论》,《咬得菜根则百事可做论》⑫

⑫ 模糊的近乎游戏般的记忆,可见学校一塌糊涂之一斑。

初进去当然只能做三班生,卧室里是一桌一凳一床,床板只有两块。头二班学生就不同了,二桌二凳或三凳一床,床板多至三块。不但上讲堂时挟着一堆厚而且大的洋书,气昂昂地走着,决非只有一本"泼赖妈"和四本《左传》的三班生所敢正视;便是空着手,也一定将肘弯撑开,像一只螃蟹,低一班的在后面总不能走出他之前。这一种螃蟹式的名公巨卿,现在都阔别得很久了,前四五年,竟在教育部的破脚躺椅上,发见了这姿势,然而这位老爷却并非雷电学堂出身的,可见螃蟹态度,在中国也颇普遍⑬。

⑬ 鲁迅文章之中时时有这种文字,宕开一笔,嬉笑怒骂。

可爱的是桅杆。但并非如"东邻"的"支那通"所说,因为它"挺然翘然",又是什么的象征。乃是因为它高,乌鸦喜鹊,都只能停在它的半途的木盘上。人如果爬到顶,便可以近看狮子山,远眺莫愁湖,——但究竟是否真可以眺得那么远,我现在可委实有点记不清楚了。而且不危险,下面张着网,即使跌下来,也不过如一条小鱼落在网子里;况且自从张网以后,听说也还没有人曾经跌下来。

原先还有一个池,给学生学游泳的,这里面却淹死了两个年幼的学生。当我进去时,早填平了,不但填平,上面还造了一所小小的关帝庙。庙旁是一座焚化字纸的砖炉,炉口上方横写着四个大字道:"敬惜字纸"。只可惜那两个淹死鬼失了池子,难讨替代,总在左近徘徊,虽然已有"伏魔大帝关圣帝君"镇压着⑭。办学的人大概是好心肠的,所以每年七月十五,总请一群和尚到雨天操场来放焰口,一个红鼻而胖的大和尚戴上毗卢帽,捏诀,念咒:"回资啰,普弥耶吽,唵耶吽!唵!耶!吽!!!"

⑭ 有此奇想,有此奇句。

我的前辈同学被关圣帝君镇压了一整年,就只在这时候得到一点好处,——虽然我并不深知是怎样的好处。所以当这些时,我每每想:做学生总得自己小心些。

总觉得不大合适,可是无法形容出这不合适来。现在是发见了大致相近的字眼了,"乌烟瘴气",庶几乎其可也。只得走开⑮。近来是单是走开也就不容易,"正人君子"者流会说你骂人骂到了聘书,或者是发"名士"脾气,给你几句正经的俏皮话⑯。不过那时还不打紧,学生所得的津贴,第一年不过二两银子,最初三个月的试习期内是零用五百文。于是毫无问题,去考矿路学堂去了,也许是矿路学堂,已经

⑮ 如前所述,这是鲁迅第二次离开。

⑯ 讽刺现实,别有怀抱。

有些记不真,文凭又不在手头,更无从查考。试验并不难,录取的。

这回不是 It is a cat 了,是 Der Mann,Dias Weib,Das Kind。汉文仍旧是"颖考叔可谓纯孝也已矣",但外加《小学集注》。论文题目也小有不同,譬如《工欲善其事必先利其器论》,是先前没有做过的。

此外还有所谓格致,地学,金石学,……都非常新鲜。但是还得声明:后两项,就是现在之所谓地质学和矿物学,并非讲舆地和钟鼎碑版的。只是画铁轨横断面图却有些麻烦,平行线尤其讨厌。但第二年的总办是一个新党,他坐在马车上的时候大抵看着《时务报》,考汉文也自己出题目,和教员出的很不同。有一次是《华盛顿论》,汉文教员反而惴惴地来问我们道:"华盛顿是什么东西呀?……"⑰

看新书的风气便流行起来,我也知道了中国有一部书叫《天演论》。星期日跑到城南去买了来,白纸石印的一厚本,价五百文正。翻开一看,是写得很好的字,开首便道:

"赫胥黎独处一室之中,在英伦之南,背山而面野,槛外诸境,历历如在机下。乃悬想二千年前,当罗马大将恺彻未到时,此间有何景物?计惟有天造草昧……"

哦!原来世界上竟还有一个赫胥黎坐在书房

⑰ 有一个笑话,还是那个年代,作文(《项羽拿破仑论》),有作者说:"项羽力可拔山举鼎,况拿一轮乎,况一破轮乎?"

里那么想,而且想得那么新鲜?一口气读下去,"物竞""天择"也出来了,苏格拉第、柏拉图也出来了,斯多噶也出来了。学堂里又设立了一个阅报处,《时务报》不待言,还有《译学汇编》,那书面上的张廉卿一流的四个字,就蓝得很可爱。

"你这孩子有点不对了,拿这篇文章去看去,抄下来去看去。"一位本家的老辈严肃地对我说,而且递过一张报纸来。接来看时,"臣许应骙跪奏……",那文章现在是一句也不记得了,总之是参康有为变法的;也不记得可曾抄了没有。

仍然自己不觉得有什么"不对",一有闲空,就照例地吃侉饼,花生米,辣椒,看《天演论》⑱。

但我们也曾经有过一个很不平安的时期。那是第二年,听说学校就要裁撤了。这也无怪,这学堂的设立,原是因为两江总督(大约是刘坤一罢)听到青龙山的煤矿出息好,所以开手的。待到开学时,煤矿那面却已将原先的技师辞退,换了一个不甚了然的人了。理由是:一、先前的技师薪水太贵;二、他们觉得开煤矿并不难。于是不到一年,就连煤在那里也不甚了然起来,终于是所得的煤,只能供烧那两架抽水机之用,就是抽了水掘煤,掘出煤来抽水,

⑱ 一……就,可见勤奋。真正的阅读从被一本书感动开始。

结一笔出入两清的账。既然开矿无利,矿路学堂自然也就无须乎开了,但是不知怎的,却又并不裁撤。到第三年我们下矿洞去看的时候,情形实在颇凄凉,抽水机当然还在转动,矿洞里积水却有半尺深,上面也点滴而下,几个矿工便在这里面鬼一般工作着。

毕业,自然大家都盼望的,但一到毕业,却又有些爽然若失。爬了几次桅,不消说不配做半个水兵;听了几年讲,下了几回矿洞,就能掘出金银铜铁锡来么?实在连自己也茫无把握,没有做《工欲善其事必先利其器论》的那么容易。爬上天空二十丈和钻下地面二十丈,结果还是一无所能,学问是"上穷碧落下黄泉,两处茫茫皆不见"了。所余的还只有一条路:到外国去⑲。

⑲ 第三次离开。

留学的事,官僚也许可了,派定五名到日本去。其中的一个因为祖母哭得死去活来,不去了,只剩了四个。日本是同中国很两样的,我们应该如何准备呢?有一个前辈同学在,比我们早一年毕业,曾经游历过日本,应该知道些情形。跑去请教之后,他郑重地说:

"日本的袜是万不能穿的,要多带些中国袜。我看纸票也不好,你们带去的钱不如都换了他们的现银。"⑳

⑳ "前辈""郑重"给的这样不切实际的建议。联系《藤野先生》,就可知道为何了。

四个人都说遵命。别人不知其详,我是将

钱都在上海换了日本的银元,还带了十双中国袜——白袜。

后来呢？后来,要穿制服和皮鞋,中国袜完全无用;一元的银圆日本早已废置不用了,又赔钱换了半元的银圆和纸票㉑。

（编者注：《琐记》中的"琐"字是"细小、零碎"的意思,我们在阅读时也会发现本文记述的内容有些杂乱。《琐记》是散文"形散"特征的典型表现。当然,散文"形"虽散,但"神"常聚。概括地说,《琐记》介绍了鲁迅先生冲破封建束缚,为追求新知识,离家求学至出国留学的一段生活经历。文章从作者切身感受出发,写出了进化论及资产阶级民主主义思想对进步青年的影响。

结尾正承接《藤野先生》——"东京也无非是这样",是哪样？前文所述"乌烟瘴气"而已。）

㉑ 银圆早已废置不用,而且穿制服和皮鞋,中国袜也全然无用,体现了国人的思想封闭,与外界沟通较少。当时的国家也是处于闭关锁国的状态。作者借此喻国情,的确有一番用心,这也是值得我们学习的。

十月八日。

【尾评】

《琐记》和《藤野先生》《范爱农》,均写于1926年10月8日至11月18日这几十天里。其时鲁迅暂避军阀官僚的迫害,正在厦门大学任教。《琐记》重点记述作者自1898年离开故乡,到南京、日本求学的一段经历,展现了当时中国社会的真实面貌,也留下了他探索的鲜明足迹。

全文可分四个部分。第一部分回忆衍太太的为人及自己对她由亲近到厌恶的感情变化。衍太太和鲁迅原是住在同一台门中的亲属,从孩子的眼里看来,应该是一位长辈,原是颇怀亲昵之情的。然而,她却没有拿出长辈的样子来。这是个面目可憎、心地险仄、专擅飞短流长、中伤别人、很有些鬼鬼祟祟的人物。她表面装作正人君子,暗中教唆孩子看裸体画、做坏事。她在人前说人话,鬼前说鬼话。她对自己的孩子管束很严,但对别家的孩子却心怀鬼胎,乃至怂恿孩子比赛吃冰、打旋子;待到孩子跌倒,被人撞见时,又连忙改口,狡赖诡辩,反唇相责。更可恶的是,她一面教唆鲁迅变卖母亲首饰,一面却暗中制造流言,进行恶意中伤。由此可见,衍太太无疑是S城腐败没落的上流社会所产生的"学做幕友或商人"狡诈的典型人物之一。鲁迅从亲身经历中,逐渐看清了她的真面目,感到十分恶心。最后,终于下定决心,不愿再跟这一流人周旋厮混。正如长大以后,他也不屈服于传统的压力与命运一样,蔑弃古训,毅然出走。"好。那么,走罢!"短短五个字,充分反映出鲁迅对"熟识的本阶级"的深恶痛绝,和对作为旧中国缩影的S城的决绝态度。当时,S城虽有"汉文之外,又教些洋文和算学"的中西学堂,但它已成为顽固派的眼中钉,且已不能满足自己强烈的求知欲望。杭州的求是书院虽然好,但学费贵,读不起。为了探求新知,寻找真理,刚满十八岁的鲁迅,便毅然离开母亲,告别故乡,"走异路,逃异地,去寻求别样的人们"。

第二部分写鲁迅到南京读书的状况。重点是从学校这一侧面,深刻揭示洋务运动的影响及其局限性。鲁迅所进的第一所学校江南水师学堂(雷电学堂),原是洋务派张之洞所创办的,目的是培养统治阶级所需要的海军人才。但从课程设置、教学内容、学校设备到培养目标,无一不显示出"中学为体,西学为用"的改良派特点。学校除"It is a cat." "Is it a rat?"外,就是教学生读《左传》,做古文,始终离不开封建主义旧教育的范畴。尤其是名为"水师学堂",却不教学生下水游泳;还假借科学名义,大搞迷信活动。这更激起了鲁迅极大的反感。游泳池里不慎淹死了两个学生,学校当局即因噎废食,竟把游泳池填平,还在上面造了一座关帝庙,以"镇压"两个"淹死鬼"。每年农历7月15日,还请来一群和尚诵经施食,大放焰口,以示"关怀",真令人啼笑皆非。文章用写实与夸张相结合的笔触,写出这样的学堂自然培养不出像样的军事人才来;相反,只能教出一些装腔作势、横行霸道、架子十足、唯我独尊的"螃蟹式的名公巨卿"来。鲁迅在这里轻轻一挥,一语双关,顺手给当时北京、厦门的军阀官僚们的御用文人以狠狠的一击。"乌烟瘴气",不光是当时南京,也是整个中国黑暗社会的贴切评语。鲁迅对它十分不满,于是又决意"走开",充分体现出了对盲目崇洋、似新实旧的洋务派和洋务学堂的失望。

第三部分写鲁迅进陆师学堂附设的矿路学堂学习的感受。这所学堂虽然也是张之洞奏准清廷建立的,与水师学堂有许多相同之处,但继任的校长、两江总督刘坤一"是一个新党",因此学校也出现了比较新鲜的氛围。例如,由于维新变法潮流的激荡,学校里看新书的风气日盛。这时,鲁迅也不顾封建顽固势力的反对和指责,兴致勃勃地广泛阅读了维新派的许多报章杂志,包括西方资产阶级的社会科学和自然科学著作。特别是他深入钻研严复译述的宣传介绍西方资产阶级民主思想的《天演论》后,便如鱼得水,迅速接受了在当时有很大进步意义的"进化论"思想,初步形成了民主主义的世界观。这在鲁迅早期思想发展史上,具有重大的意义。不过,资产阶级学校教育毕竟有着阶级的和时代的局限,洋务派办水师学堂是为了"求强",办矿路学堂则是为了"求富",都是着重从当时统治阶级的需要出发的。所以,在办学指导思想与方法上,仍然充满与封建教育妥协的色彩,而且严重脱离实践,脱离群众。因此,掘得的煤只能供烧两架抽水机之用,谈不到有多少实用价值。而青龙山煤矿的凄凉景象,更充分暴露出资产阶级改良派举办实业的无能。这里,再次反映了鲁迅对主持其事的维新派的失望和不满。鲁迅用揶揄的口吻,形象地叙写了当时在学堂里读书的结果,仍然是"一无所能","所余的还只有一条路:到外国去"。于是,鲁迅探索的目光,便很自然地转向同中国只一衣带水却又"很两样"的日本。

文章最后一部分简要叙写鲁迅到日本留学前夕的几件琐碎而可笑的事。主要是写5名留学生怎样受到亲属的阻拦,以及有一"游历过日本"的"前辈同学",怎样对他们进行荒唐可笑的"教导",结果照他说的去做竟全然无用的情况。

综上所述,《琐记》一文,形象地追忆了鲁迅到南京求学前后的情况和他接触《天演论》、受进化论思想影响的经过。鲁迅以自己的亲身感受,深刻揭露了"中学为体,西学为用"的洋务派及其教育制度的腐朽性,批判了封建势力的顽固性和资产阶级改良派的软弱性,显示了他在寻求新路中不断前进的探索精神。

《琐记》在艺术上,做到琐而不碎,零而不乱,形散而神聚。它善于选择一些典型的事件和典型细节,精当而深刻地揭示出人物的本质特征,很好地为展示作品的主题思想服务。通过水师学堂填平游泳池、建造关帝庙和和尚放焰口等典型事例,充分反映洋务学堂"乌烟瘴气"的情状。从抽水掘煤、掘煤抽水、出入两清,反映了作为培训实业人才的矿路学堂的不景气状况。末了,留日前辈同学"教导"鲁迅带中国袜和换日本钱等典型细节,寥寥几笔,勾勒出其颟顸可笑的面貌。此外,如很像《封神榜》上"太极阵""混元阵"一类名目的"雷电学堂"的名称;汉文教员不知华盛顿为何物,反而惴惴地去问学生;祖母因孙儿被选送去日本留学而哭得死去活来等等,都形象地揭露了封建势力的浓重和洋务派办教育失败的可悲结局。

本文还采取了记叙和议论相结合的方式,描写人物,抒发内心的感受。如开头记叙衍太太怂恿孩子们比赛吃冰、打旋子,以及教唆鲁迅窃卖母亲首饰等,都十分准确具体地刻画了衍太太的鬼祟阴鸷、招是生非、摧残孩子的丑恶面目,不仅令人厌恶,也由此产生了对S城的所谓"上流社会"人物的憎恶,写得朴实而传神。鲁迅在记叙的同时,还经常运用杂文的笔法,适时穿插一些议论,对时弊进行毫不留情的针砭。"流言的来源,我是明白的,倘是现在,只要有地方发表,我总要骂出流言家的狐狸尾巴来。""这一种螃蟹式的名公巨卿,现在都阔别得很久了,前四五年,竟在教育部的破脚躺椅上,发现了这姿势,……可见螃蟹态度,在中国也颇普遍。""近来是单是走开也就不容易,'正人君子'者流会说你骂人骂到了聘书,或者是发'名士'脾气,给你几句正经的俏皮话。"还有诸如"大概也和现今的国粹保存大家的议论差不多"等等,都具有强烈的针对性和讽刺性,写得痛快淋漓,入木三分!

全文语言简洁明快,富于变化,显得生动形象。如"下了几回矿洞,就能掘出金银铜铁锡来么?""爬上天空二十丈和钻下地面二十丈,结果还是一无所能,学问是'上穷碧落下黄泉,两处茫茫皆不见'了。"从词语到口气,都极富意味,读来耐人咀嚼。

藤野先生

东京也无非是这样①。上野的樱花烂熳的时节,望去确也像绯红的轻云,但花下也缺不了成群结队的"清国留学生"的速成班,头顶上盘着大辫子,顶得学生制帽的顶上高高耸起,形成一座富士山。也有解散辫子,盘得平的,除下帽来,油光可鉴,宛如小姑娘的发髻一般,还要将脖子扭几扭。实在标致极了②。

中国留学生会馆的门房里有几本书买,有时还值得去一转;倘在上午,里面的几间洋房里倒也还可以坐坐的。但到傍晚,有一间的地板便常不免要咚咚咚地响得震天,兼以满房烟尘斗乱;问问精通时事的人,答道,"那是在学跳舞。"③

到别的地方去看看,如何呢④?

我就往仙台的医学专门学校去。从东京出发,不久便到一处驿站,写道:日暮里。不知怎地,我到现在还记得这名目。其次却只记得水户了,这是明的遗民朱舜水先生⑤客死

① "无非"一词流露出作者对东京的失望之情。

② "标致"是反语,在这里是"丑陋"的意思,讽刺了清国留学生的丑态。"实在"表示"的确"的意思,用"实在"强调"标致",增强反语的讽刺力量,表现出作者对清国留学生强烈的厌恶和嘲讽之情。

③ 鲁迅抱着"我以我血荐轩辕"的志向渡海而来,没料到东京竟也像南京那样"乌烟瘴气"。失望、痛苦、厌恶、愤怒和急切地要求学到本领以报效祖国的强烈愿望,都包含在这感触良多的一句话里面了。远大的抱负与灰色的环境之间形成了尖锐的矛盾,不得不离此地而去了。

④ 注意这个独句成段,包含复杂的考虑和决断。

⑤ 提到朱舜水,委婉地透露出自己的思想感情。

的地方。仙台是一个市镇,并不大;冬天冷得利害;还没有中国的学生。

　　大概是物以希为贵罢。北京的白菜运往浙江,便用红头绳系住菜根,倒挂在水果店头,尊为"胶菜";福建野生着的芦荟,一到北京就请进温室,且美其名曰"龙舌兰"。我到仙台也颇受了这样的优待,不但学校不收学费,几个职员还为我的食宿操心⑥。我先是住在监狱旁边一个客店里的,初冬已经颇冷,蚊子却还多,后来用被盖了全身,用衣服包了头脸,只留两个鼻孔出气。在这呼吸不息的地方,蚊子竟无从插嘴,居然睡安稳了⑦。饭食也不坏。但一位先生却以为这客店也包办囚人的饭食,我住在那里不相宜,几次三番,几次三番地说⑧。我虽然觉得客店兼办囚人的饭食和我不相干,然而好意难却,也只得别寻相宜的住处了。于是搬到别一家,离监狱也很远,可惜每天总要喝难以下咽的芋梗汤⑨。

　　从此就看见许多陌生的先生,听到许多新鲜的讲义。解剖学是两个教授分任的。最初是骨学。其时进来的是一个黑瘦的先生,八字须,戴着眼镜,挟着一叠大大小小的书。一将书放在讲台上,便用了缓慢而很有顿挫的声调,向学生介绍自己道:

　　"我就是叫作藤野严九郎的……。"⑩

⑥ "大概"表示猜测,与句末语气词的"罢"合用,更加强了不肯定语气。作者用诙谐的口气猜测他在仙台受"优待"的原因,有自谦、自喜、感激之情。但推断为"物以希为贵",包含一个弱国国民的辛酸,同时反映出作者强烈的民族自尊心。

⑦ "居然"表示出乎意料,想不到。前面说这个客店居住条件不好,不易安睡,但出乎意料地睡安稳了,表现作者对生活环境恶劣的不以为意。"居然"一词加强了句子的幽默感。

⑧ 异乡的温暖。

⑨ 以上写教授的关心,与藤野先生形成正面对比。

⑩ 很自负的介绍,不怕学生不认识。

后面有几个人笑起来了。他接着便讲述解剖学在日本发达的历史,那些大大小小的书,便是从最初到现今关于这一门学问的著作。起初有几本是线装的;还有翻刻中国译本的,他们的翻译和研究新的医学,并不比中国早⑪。

⑪ 体味这一句体现出的痛心。

那坐在后面发笑的是上学年不及格的留级学生,在校已经一年,掌故颇为熟悉的了。他们便给新生讲演每个教授的历史。这藤野先生,据说是穿衣服太模胡了,有时竟会忘记带领结;冬天是一件旧外套,寒颤颤的,有一回上火车去,致使管车的疑心他是扒手,叫车里的客人大家小心些⑫。

⑫ 比照藤野先生,我们穿衣都很模糊,由此可见日本人在细节上的严谨。

他们的话大概是真的,我就亲见他有一次上讲堂没有带领结。

过了一星期,大约是星期六,他使助手来叫我了。到得研究室,见他坐在人骨和许多单独的头骨中间,——他其时正在研究着头骨,后来有一篇论文在本校的杂志上发表出来。

"我的讲义,你能抄下来么?"他问。

"可以抄一点。"

"拿来我看!"

我交出所抄的讲义去,他收下了,第二三天便还我,并且说,此后每一星期要送给他看一回。我拿下来打开看时，很吃了一惊，同时也感到一种不安和感激。原来我的讲义已经从头到末，都用红笔添改过了，不但增加了许多脱漏的地方，连文法的错误，也都一一订正。这样一直继续到教完了他所担任的功课：骨学，血管学，神经学。

可惜我那时太不用功，有时也很任性。还记得有一回藤野先生将我叫到他的研究室里去，翻出我那讲义上的一个图来，是下臂的血管，指着，向我和蔼的说道：

"你看，你将这条血管移了一点位置了。——自然，这样一移，的确比较的好看些，然而解剖图不是美术，实物是那么样的，我们没法改换它。现在我给你改好了，以后你要全照着黑板上那样的画。"

但是我还不服气，口头答应着，心里却想道：

"图还是我画的不错；至于实在的情形，我心里自然记得的。"

学年试验完毕之后，我便到东京玩了一夏天，秋初再回学校，成绩早已发表了，同学一百余人之中，我在中间，不过是没有落第。这回藤野先生所担任的功课，是解剖实习和局部解剖学。

解剖实习了大概一星期，他又叫我去了，

很高兴地,仍用了极有抑扬的声调对我说道:

"我因为听说中国人是很敬重鬼的,所以很担心,怕你不肯解剖尸体。现在总算放心了,没有这回事。"

但他也偶有使我很为难的时候。他听说中国的女人是裹脚的,但不知道详细,所以要问我怎么裹法,足骨变成怎样的畸形,还叹息道,"总要看一看才知道。究竟是怎么一回事呢?"

有一天,本级的学生会干事到我寓里来了,要借我的讲义看。我检出来交给他们,却只翻检了一通,并没有带走。但他们一走,邮差就送到一封很厚的信,拆开看时,第一句是:

"你改悔罢!"

这是《新约》上的句子罢,但经托尔斯泰新近引用过的。其时正值日俄战争,托老先生便写了一封给俄国和日本的皇帝的信,开首便是这一句。日本报纸上很斥责他的不逊,爱国青年也愤然,然而暗地里却早受了他的影响了。其次的话,大略是说上年解剖学试验的题目,是藤野先生在讲义上做了记号,我预先知道的,所以能有这样的成绩。末尾是匿名。

我这才回忆到前几天的一件事。因为要

开同级会,干事便在黑板上写广告,末一句是"请全数到会勿漏为要",而且在"漏"字旁边加了一个圈。我当时虽然觉到圈得可笑,但是毫不介意,这回才悟出那字也在讥刺我了,犹言我得了教员漏泄出来的题目。

我便将这事告知了藤野先生;有几个和我熟识的同学也很不平,一同去诘责干事托辞检查的无礼,并且要求他们将检查的结果,发表出来。终于这流言消灭了,干事却又竭力运动,要收回那一封匿名信去。结末是我便将这托尔斯泰式的信退还了他们⑬。

中国是弱国,所以中国人当然是低能儿,分数在六十分以上,便不是自己的能力了:也无怪他们疑惑⑭。但我接着便有参观枪毙中国人的命运了。第二年添教霉菌学,细菌的形状是全用电影来显示的,一段落已完而还没有到下课的时候,便影几片时事的片子,自然都是日本战胜俄国的情形。但偏⑮有中国人夹在里边:给俄国人做侦探,被日本军捕获,要枪毙了,围着看的也是一群中国人;在讲堂里的还有一个我⑯。

"万岁!"他们都拍掌欢呼起来⑰。

这种欢呼,是每看一片都有的,但在我这一声却特别听得刺耳⑱。此后回到中国来,我看见那些闲看枪毙犯人的人们,他们也何

⑬ 这里用受了狭隘民族主义、军国主义毒害和嫉妒心很重的部分日本青年,来反衬藤野先生的正直无私、心胸广阔。通过对比,藤野先生的形象显得更高大了。

⑭ 这种出于偏见而武断作结论,侮辱人格的做法引起作者极大的愤慨。这种愤慨不仅是因个人的人格遭受侮辱,更因民族衰弱在列强面前遭到歧视。表达了作者民族自尊心被伤害后极为愤慨的感情和盼望祖国强盛的强烈愿望。

⑮ 注意这个"偏"字的意思是不应该有却有了,表达了作者的无奈,对中国人的愚昧无知和麻木感到痛心。

⑯ 这里说了三种中国人:做毫无意义的示众材料的人;麻木的,甚至喝采的看客;被刺痛了的"我"。

⑰ 写日本"爱国青年"寻衅是为藤野先生作反面衬托。

⑱ 日本青年看到枪毙中国人后"欢呼",严重地伤害了"我"的民族自尊心,故而使"我"觉得十分"刺耳"。

尝不酒醉似的喝彩⑲,——呜呼,无法可想!但在那时那地,我的意见却变化了⑳。

到第二学年的终结,我便去寻藤野先生,告诉他我将不学医学,并且离开这仙台。他的脸色仿佛有些悲哀,似乎想说话,但竟没有说。

"我想去学生物学,先生教给我的学问,也还有用的。"其实我并没有决意要学生物学,因为看得他有些凄然,便说了一个慰安他的谎话。

"为医学而教的解剖学之类,怕于生物学也没有什么大帮助。"他叹息说㉑。

将走的前几天,他叫我到他家里去,交给我一张照相,后面写着两个字道:"惜别",还说希望将我的也送他。但我这时适值没有照相了;他便叮嘱我将来照了寄给他,并且时时通信告诉他此后的状况。

我离开仙台之后,就多年没有照过相,又因为状况也无聊,说起来无非使他失望,便连信也怕敢写了。经过的年月一多,话更无从说起,所以虽然有时想写信,却又难以下笔,这样的一直到现在,竟没有寄过一封信和一张照片。从他那一面看起来,是一去之后,杳无消息了。

但不知怎地,我总还时时记起他,在我所认为我师的之中,他是最使我感激,给我鼓励的一个。有时我常常想:他的对于我的热心的希望,不倦的教诲,小而言之,是为中国,就是

⑲ 鲁迅写了不少这样的文章,强烈表达了对人们精神麻木的极其沉痛的情感。

⑳ 匿名信事件中作者有意揭示日本"爱国青年"的荒谬逻辑,表现在遭受屈辱后的辛酸和愤懑;看电影事件反映作者难以抑制的激愤。第一件事侧重写弱国国民受人歧视,从而激发作者立志使自己祖国富强的志向;第二件事写中国国民的不觉悟——这是造成民族衰弱的重要原因之一。这两件事促使作者弃医从文。

㉑ 文中写清国留学生赏樱花、学跳舞是作者离东京往仙台见到藤野先生的缘由。写途经的日暮里和水户表现作者忧国之情,这是作者学医的主要动机。写仙台医专的职员对作者的优待是为下文写藤野先生作正面陪衬。写日本"爱国青年"寻衅是为藤野先生作反面衬托。写课堂上看电影是作者与藤野先生告别的直接原因。总之,所有这些都与中心人物藤野先生有密切的关系。

希望中国有新的医学；大而言之，是为学术，就是希望新的医学传到中国去。他的性格，在我的眼里和心里是伟大的，虽然他的姓名并不为许多人所知道。

（编者注：作者在严谨的结构和精练的文字里，偶有直接点明，更多是委婉透露：藤野先生对鲁迅这个异域学生的特殊关怀和精心培育，是基于对他的爱国主义精神的同情和尊重。或者不妨说，是鲁迅的救国救民的抱负吸引、感动了藤野先生。这在文章直接记叙藤野先生的那些细节里虽未大肆铺陈，可是，这个唯一的中国留学生发愤图强的精神，表现在学习上的不用说了，还有生活上的，比如睡觉不畏蚊虫叮咬、吃饭能喝下难以下咽的芋梗汤。作为老师的藤野先生，即便未曾目睹，也不会从未耳闻。事实上，鲁迅逝世之后，藤野先生回忆起当年的这个学生时，就有这样的印象：尽管他身在异乡，却不以为苦。可见他是看到了这个青年为了使国家复兴，艰苦奋斗的志气。透过对一些细节的含蓄的描写，我们不是可以窥见藤野先生的思想了吗？文章在记叙了与藤野先生的交往以后，有一段明白地写出了藤野先生的思想动机的话，便是："他的对于我的热心的希望，不倦的教诲，小而言之，是为中国，就是希望中国有新的医学；大而言之，是为学术，就是希望新的医学传到中国去。"这段精彩的议论是全篇的画龙点睛之笔。作品的主题思想当然是通过全篇的叙述、描写和议论各个方面表现出来的,并不仅仅表现在这段议论里;但是这里的议论却是主题的升华,它将前面对于藤野先生品德的赞颂,作了更深入的开掘。作为学者的藤野,他的目光向着世界范围内的医学,希望能为新医学的发展贡献力量(故说"大而言之")。"为学术"是他的全部思想行为的准则。他是从"为学术"的总目标出发来"为中国"的——"希望中国有新的医学"。在他身上,"为中国"与"为学术"是一致的。这正是一个对来自弱国的学生抱着同情与尊重而又矢志于医学事业的正直学者的伟大人格的最集中的表现。总之,"为中国"与"为学术",既是藤野先生爱护鲁迅的出发点,也是他们师生之间产生友谊的基础。这六个字是在把藤野先生的思想品德和性格特点上升到更高的境界了。)

　　他所改正的讲义,我曾经订成三厚本,收藏着的,将作为永久的纪念。不幸七年前迁居的时候,中途毁坏了一口书箱,失去半箱书,恰巧这讲义也遗失在内了。责成运送局去找寻,寂无回信。只有他的照相至今还挂在我北京寓居的东墙上,书桌对面。每当夜间疲倦,正想偷懒时,仰面在灯光中瞥见他黑瘦的面貌,似乎正要说出抑扬顿挫的话来,便使我忽又良心发现,而且增加勇气了,于是点上一枝烟,再继续写些为"正人君子"之流所深恶痛疾的文字㉒。

㉒"我"对藤野先生的感情:首先是感激、怀念,体现在:装订收藏讲义;悬挂先生的照片;多写文章把怀念之情化为斗争和力量。然后是因"状况无聊"对没有寄信和照片的愧疚之情。

　　　　　　　　十月十二日。

【尾评】

　　写老师的文学作品可谓多矣,然而最杰出者,当属《朝花夕拾》中的此篇。鲁迅此文,可能受到芥川龙之介的《毛利先生》的影响。附于后,请对比欣赏。

毛利先生

芥川龙之介

　　岁末的一个黄昏,我和一位评论家朋友一起,沿着小职员经常过往的街道,在一片光秃秃的夹道柳阴下,朝神田桥方向走去。夕照下,下级官吏模样的人们踉踉跄跄地在我们身边走着。从前,岛崎藤村曾愤慨地说过,应当"把头抬得再高些走路!"他们或许都不期而然地怀着郁闷的心情无法排遣吧。我俩身着大衣,肩并肩,稍微加快了脚步,直到走过大手町电车站,几乎未作一声。这时,我这位评论家朋友朝着红柱子下等电车的人瞥了一眼,见他们冻得哆里哆嗦的样子,不禁打了个寒噤,自言自语似的嘟哝道:"我想起了毛利先生。"

　　"毛利先生是谁?"

　　"是我中学的老师。我没跟你说过吗?"

　　我默默地低了一下帽檐,表示否认。下面便是当时那位朋友边走边对我谈起的有关毛利先生的回忆。

　　大约十来年前,我还在一所府立中学读三年级。教我们班英语的年轻教师安达先生,因患流感并发急性肺炎于寒假期间病故。由于事发突然,来不及物色合适的后任教师,无奈我们中学便请时任某私立中学英语教师叫毛利先生的一位老人,临时代替安达先生迄今担任的课程。

　　我初次见到毛利先生,是在他就任当日下午。我们三年级学生为迎接新老师的好奇心所驱使,走廊里刚刚传来先生的脚步声,便前所未有的肃静,等着上课。那脚步声在阳光已逝的寒冷的教室外面停住了,门旋即开了——啊,我现在说起这事来,当时的情景仍历历在目。开门进来的毛利先生,给人第一眼印象便是个矮个子，令人联想起常在节日里演杂耍的小丑。然而，从这种感觉中抹去了阴暗色彩的，是先生那甚至可用"漂亮"来形容的光溜溜的秃头。虽然他后脑勺上仍残存着少许华发，但大部分与博物教科书上所画的鸵鸟蛋毫无二致。最后先生风采的超常之处，是他那身古怪的晨礼服，名副其实古色苍然，几乎令人忘却原先曾经是黑色的。可是在先生那有点脏的翻领下面，竟郑重其事地系着一条极其鲜艳的紫色领带，犹如一只展翅的蛾。这点也出乎意料地残存在我的记忆里。所以，在先生走进教室的同时，不期而然地从各个角落发出强忍住笑的声音，当然也没什么可奇怪的了。

然而，毛利先生两手捧着教科书和点名簿，仿佛没看见学生似的，显出一副从容不迫的态度，登上高出一阶的讲台，回答了学生们的敬礼，在他那张非常和善而苍白的圆脸上露出亲切的笑容。他尖声招呼道："诸位！"

在过去三年中，从这所中学的先生那里，我们从未享受过"诸位"的待遇。因此，毛利先生这声"诸位"，自然令我们刮目相视。同时我们想，既然有了"诸位"这句开场白，后面一定是当前教学方针之类的长篇大论，于是便屏息等待。

然而毛利先生说过"诸位"之后，环顾了一下教室，暂且什么也没说。尽管他那肌肉松弛的脸上，挂着一丝悠闲自得的微笑，但嘴角上的肌肉却在神经质地颤动。他那有点兴奋的目光里，不时流露出烦躁不安的神情。他虽然没有开口，但似乎对我们大家有所恳求，遗憾的是先生自己也搞不清那到底是什么。

"诸位！"毛利先生几乎用同一声调重复着，然后恰似要抓住这声音的反响似的，慌慌张张地接着说："今后由我来教诸位选读课。"

我们的好奇心益发强烈，全场鸦雀无声，都热切地盯着先生的脸。然而毛利先生这么说的同时，又用恳求的目光环视教室，突然像松弛了的弹簧似的坐到椅子上。然后把点名簿放到已打开的文选课本旁边，翻开定睛瞧着。他这番开场白结束得如此突然，令我们非常失望，或者莫如说是超过了失望，而令人感到可笑，恐怕没有再说的必要了。

所幸的是我们还未笑出声来，先生的眼睛便从点名簿上抬起，立刻点了班上一个同学的名字，并称他为"君"。不消说，是让他马上起立进行译读的意思。

于是那学生站起来,以东京中学生所特有的机灵劲儿译读了《鲁滨逊漂流记》中的一节。毛利先生不时地摸摸紫色的领带,误译不消说,就连发音上的一些细微毛病都仔细加以纠正。他的发音格外做作,可大致正确清晰,先生自己似乎对这点心里也特别洋洋得意。

然而,当那个学生回到座位上,先生开始译读那一段时,同学们当中失笑声又此起彼伏。因为发音惟妙惟肖的先生,一旦翻译起来,他所知道的日语词汇竟然少得令人难以相信他是日本人。或者即使知道,临场也无法立即反应过来。例如,只翻译一行,也要大费口舌:"鲁滨逊·克鲁索终于决定饲养……决定饲养什么呢?就是那种奇异的动物……动物园里多得很……叫什么名字呢?……嗯,常玩把戏的……喂,诸位也知道吧。就是,红脸儿的……什么,猴子?对对,是猴子。决定饲养猴子。"

连猴子都是这样,不消说碰到稍复杂些的句子,不兜几个圈子,简直就找不到恰当的译词。而且毛利先生每次都搞得十分狼狈,频频把手放到领口,令人担心他是否会把那紫色的领带撕碎,同时迷惘地抬起头来,慌慌张张地瞥我们一眼。立刻又两手摁住秃脑袋,羞愧难当地把脸深深地埋在桌子上。此时,先生那本就矮小的身子,犹如一只泄了气的气球似的,窝窝囊囊地缩成一团,令人觉得连那从椅子上耷拉下来的两只脚仿佛都悬在半空。学生们都觉着挺有意思,咻咻地窃笑。先生反复译读了两三遍,这中间,笑声越发肆无忌惮,最后连最前排的学生也公然哄笑起来。我们这种笑声让善良的毛利先生该多难堪啊!——如今回想起来那片刻薄的噪音,连我自己都不禁一再想捂起耳朵。

尽管如此,毛利先生仍勇敢地继续译读下去,直到响起课间休息的号声为止。他终于读完了最后一节,重又以原先那种悠然自得的态度,一面回答着我们的敬礼,一面像压根儿忘记了刚才那场苦战恶斗似的,镇静自若地走出教室。紧接着,我们便哄堂大笑,故意乒乓作响把桌子盖掀起又关上,继而又跳上讲台,模仿毛利先生的姿态和声调,表演起来。……啊,有件事,我怎么能不记得呢?当时,甚至连佩戴班长袖标的我,也由五六名同学簇拥着,洋洋得意地指点先生的误译之处。但哪些误译呢?其实当时就连自己也搞不清是否真的误译,不过是任性逞强罢了。

三四天后的一天午休时辰,我们五六人聚在器械操场的沙坑那里。身上穿着毛哔叽制服,冬日温暖的阳光晒着背后,我们喋喋不休地谈论着即将来临的学年考试的事。体重六十八公斤的丹波先生跟学生一起正吊在单杠上,他一面大声喊道:"一、二!"一面往沙坑里一跳。他戴着运动帽,只穿着一件西装背心,来到我们中间问道:"新来的毛利先生怎么样啊?"

丹波先生虽然也教我们年级的英语,但以爱好运动闻名,并长于吟诗,因而在讨厌英语的柔道和剑道选手之类的豪杰当中,似乎很有名望。

先生这样一说,一位豪杰摆弄着拳击手套说:"嗯,不大——行。大家好像都说不怎么样。"他回答时的忸怩样子,与平日简直判若两人。

于是,丹波先生一面用手绢掸着裤子上的沙子,一面洋洋自得地笑道:"连你都不如吗?"

"当然比我强。"

"那你还挑剔什么?"

那位豪杰用戴着拳击手套的手挠挠头,怯懦地哑口无言了。然而,这回我们班的英语秀才正了正深度近视眼镜,用与年龄不符的语气辩驳道:"可是,先生,我们几乎都想报考专科学校,所以还是想请最好的老师教我们。"

然而丹波先生仍旧朗声大笑道:"哪儿的话,只不过一个学期,跟谁学还不是一个样?"

"那么,毛利先生只教一个学期吗?"

这个问题似乎击中了丹波先生的要害。老于世故的先生故意不答,却脱下运动帽,用力掸落了平头上的灰尘,突然环视了一下我们大家,巧妙地转换了话题说:"那是因为毛利先生是个非常守旧的人,跟我们有所不同啊。今早我坐电车,看见先生坐在正中间。可是临近换车的地方,他却高声叫唤'售票员,售票员',我觉得又好笑又难为情。总之,他是个古怪的人,这倒错不了。"

不用丹波先生说,毛利先生这方面的事情,令我们惊讶的地方太多了。

"而且,听说毛利先生一到雨天就身着西装,脚穿木屐来上班。"

"老是挂在腰下的白手绢包儿,八成是毛利先生的盒饭吧?"

"听说有人在电车上看见毛利先生抓住把手时,他的毛线手套上全是窟窿。"

我们围着丹波先生,七嘴八舌喋喋不休地讲着这些蠢话。我们越讲声越大,引得丹波先生也来了劲儿,把运动帽挑在指尖上转着,兴致勃勃地讲了起来:"还有比这更逗的呢。那顶帽子简直是件老古董……"

就在此刻,不知是哪阵风儿吹来的,小个儿的毛利先生悠然地出现在器械操场对过,离我们只有十步远的二层楼校舍门口,戴着那顶古董圆顶礼帽,一只手做作地摁着那条平日系着的紫色领带。有六七个大约是一年级的孩子似的学生正在门口前面玩着人和马什么的,他们一见到先生的身影,都争先恐后恭恭敬敬地行礼。毛利先生也站在照到门口石阶上的阳光当中,像是举起圆顶礼帽笑着答礼。大家见此情景,毕竟感到羞愧,热闹的笑声停了下来,顿时鸦雀无声。然而,其中唯有丹波先生怕是羞愧、狼狈到极点,不光是缄口不语,把刚说过"那顶帽子简直是件老古董"的舌头一伸,赶紧戴上运动帽,旋即转过身去,一面高声喊道"一——!",一面将他那只穿了一件西服背心的肥胖身躯突然窜到单杠上,又将"鱼跃式"的双脚一直朝上伸展,在喊到"二——!"时,便巧妙地划破冬日的碧空,快活地上到单杠上了。当然,丹波先生这个可笑的遮羞动作,令大家忍俊不禁。器械操场上的学生们,瞬间屏住气息仰望着单杠上的丹波先生,像是声援棒球比赛似的哇哇地鼓掌喝彩。

我当然也和大家一起喝彩。然而,在喝彩过程中,我竟一半是出于本能地恨起单杠上的丹波先生来了。话虽如此,却也并非对毛利先生报以同情。可以证明这点的是,当时我为丹波先生鼓掌,同时也间接含着对毛利先生示恶。现在剖析当时的心理,或许可以说,自己既在道德上蔑视丹波先生,又在学力上瞧不起毛利先生。或者可以认为丹波先生"那顶帽子简直是件老古董"的话,使我对毛利先生的蔑视有了根据,越发地放肆。所以自己一面喝彩,还一面端起肩膀,昂然回首,向校舍入口处张望。只见我们的毛利先生犹如一只贪图阳光的越冬苍蝇一般,依然一动不动地站在石阶上,聚精会神地照看着一年级学生天真无邪的游戏。那顶圆礼帽和那条紫色领带,当时是毋宁作为笑料而映入眼帘的,不知何故,那番情景至今也无法忘怀……

毛利先生就任的当天,因其服装和学力使我们产生的轻蔑感,自从丹波先生那次失策之后,在全班更加强烈了。其后,没过一周,有天早晨又发生了一件事。前一天夜里开始,雪不停地下,窗外,室内体育馆延伸的屋檐上,已是一片积雪,连瓦的颜色都看不见了,但教室里却是炉火正红,窗玻璃上的积雪甚至来不及反射出淡蓝色的光,便融化了。毛利先生把椅子放在炉前,像往常一样扯起尖嗓子,热情地讲授《英语选读》中的《人生颂》。不消说,学生中没有人认真听讲。非但不听,像我邻座的一个柔道选手,竟在课本下面摊开武侠小说,这不,正在读着押川春浪的惊险小说。

大概过了二三十分钟,忽然毛利先生从座位上站起来,就着正讲着的朗费罗的诗歌,大谈起人生问题来了。讲了些什么,我已经记不得了,与其说是议论,恐怕是以先生的生活为中心发的一通感慨罢了。因为我依稀记得,先生犹如拔掉毛的鸟似的,不停地把两手举起又放下,用匆忙的语调,喋喋不休地讲的那些话中,有这样一段:"诸位还不了解人生,对吧? 就是想了解,也还是无法了解。唯其如此,诸位是幸福的。到了我们这把年纪,对人生洞若观火,虽然洞彻人生,但苦恼的事也多,是不是? 苦恼的事真是不少。就拿我来说,有两个孩子,于是就得送他们上学。一上学……嗯……一上学……学费怎么办? 就是嘛,就得交学费。是不是? 所以苦恼的事多着呢……"

连对不谙世事的中学生都要诉说的艰辛,即或是不想诉苦却不由得诉起苦来,先生的心绪我们当然是无法理解的。莫如说我们只是看到诉苦这一事实的可笑的一面,因而先生正述说时,大家不由得又窃笑起来。但是,并未变成往日那种哄然大笑,那是由于先生褴褛的衣衫和尖声细气谈吐的那副表情,犹如人生苦难的化身,多少引起了同情之故吧。然而,我们的笑声虽未变得更大,但没过多久,与我邻座的柔道选手突然撂下武侠小说,气势汹汹地起身质问:"先生,我们是来向您学英语的,所以,如果您不讲英语,我们就没必要进这个教室。如果您还继续这样讲下去,我立刻到操场上去。"

说完话,那个学生竭力绷着脸,怒不可遏地又坐回座位上。我从未见过像当时的毛利先生那般难堪的表情。先生像遭了雷击,半张着嘴,呆立在炉旁,朝着那个剽悍的学生的脸直盯了一两分钟。过了一会儿,他的眼睛里闪过一丝低三下四乞求的神情,突然用手正了正平日系的紫色领带,秃脑袋朝下低了两三次,说道:

"哦,是我不对,是我错了,郑重道歉。的确,诸位是为学英语来上课的。不教诸位英语,是我不对。我错了,我郑重道歉,好吗?我郑重道歉。"他面带着似哭的笑容,再三重复着同样的话。映着从炉口斜射过来的红红火光,他上衣的肩部和腰部的磨损处,更加显眼了。于是,先生每低一下头,他的秃脑袋上便染上了好看的赤铜色,越发像鸵鸟蛋了。

但是,这可悲的情景,当时的我也仅仅认为是徒然暴露了先生的教师劣根性罢了。毛利先生甚至不惜讨好学生,也是为了避免失业的危险,所以先生当教师是为了谋生,迫于无奈,并非由于对教育本身有甚兴趣。……在我脑海中恍恍惚惚恣意地这样批评,那已不仅是对先生的服饰和学力的轻蔑,甚至是对其人格的侮辱。我臂肘支在《英语选读》上,手托着腮,向着那站在烈火熊熊的炉前,精神肉体俱受烤刑的先生,几次发出得意忘形的大笑。不消说,这样做的,不只是我一人。正在先生大惊失色地向我们赔不是的当儿,让先生当众出丑的那个柔道选手,却回头瞥了我一眼,露出狡黠的微笑,即刻又读起那藏在《英语选读》下面的押川春浪的惊险小说来了。

直到响起下课的号声为止,我们的毛利先生比平日更加语无伦次地专心致志地翻译那值得怜爱的朗费罗的诗句。"Life is real, life is earnest.(人生是真实的,人生是诚挚的。)"——先生那气色很坏的圆脸上冒着虚汗,像是不停地哀求着什么,他那尖利的朗读声,仿佛哽在喉头里,至今仍萦回在我的耳畔。可是,那尖嗓音中潜藏着几百万人的悲号,当时刺激着我们的耳鼓,其意义实在是太深刻了。然而,我们当时只觉得不胜厌倦,甚至像我这样无所顾忌地打哈欠的人也不在少数。然而,矮小的毛利先生挺立在炉火旁,全然不理会玻璃窗前的飞雪,那势头仿佛他头脑中的发条一下子松开了似的,不停地挥舞着教科书,声嘶力竭地喊道:"Life is real, life is earnest.——Life is real, life is earnest."

情况既然如此,一个学期的雇佣期过去,未再见到毛利先生的身影,我们只是高兴,绝无惋惜之情。不,或许可以说,我们对先生的去留那么冷漠,甚至连高兴的意思都没觉出来。特别是我对先生全无感情,打那以后的七八年间,连先生存在的本身,几乎都忘记得一干二净。

大学毕业的那年秋天——将近十二月初,时值黄昏之后,常常雾霭弥漫的季节。林荫道上的柳树和法国梧桐早已发黄的树叶瑟瑟发抖。那是一个雨后的夜晚。我在神田的旧书店里耐心地寻觅着,买到一两本第一次世界大战爆发后锐减的德语书。晚秋夜间的冷空气阵阵袭来,我竖起大衣领子挡寒,恰巧路过中西商店时,忽然留恋起那里喧嚣的人声和热乎乎的饮料来了。于是,不经意地一个人走进那里的一家咖啡馆。

可是,进去一看,窄小的咖啡馆里,空空如也,连个顾客的影子都没有。排列着的大理石桌面上,只有糖罐上镀金冷冰冰地反射着灯光。我的心绪,仿佛受了什么欺骗,十分孤寂,走到墙上镶着一面镜子的桌前,坐了下来。接着向过来询问的服务员要了咖啡,仿佛想起什么似的掏出雪茄,划了几根火柴才点着。一会儿,我桌上出现了一杯热气腾腾的咖啡,然而我那郁闷的心绪犹如外面飘着的雾霭,却轻易不会散去。刚才在旧书店买来的哲学书,字体很小,在这种地方,即使是著名的论文读上一页也是很吃力的。无奈之下,我把头靠在椅子背上,交替品尝着巴西咖啡和哈瓦那雪茄,漫不经心地茫然打量眼前那面镜子。

镜中首先映现出通往二楼的楼梯侧面,以及对过墙壁、白油漆门、挂在墙上的音乐会的海报,像是舞台上的一部分,清晰而又冷冰冰的。不,此外还能看见大理石桌子和一大盆针叶树、从天棚上吊挂的电灯、大型陶瓷制煤气暖炉,以及围在炉前聊个不停的三四名服务员。我依次审视镜中物像,又把视线移向聚在炉前的三四名服务员。这时,围在他们中间、桌子对面的一位顾客让我吃了一惊。刚才他之所以没引起我的注意,恐怕是因为他混在服务员中间,我无形中认定他是咖啡馆的厨师什么的缘故吧。不过,我惊奇的不仅是由于这儿又出现了一位原先没有见过的顾客,而且是由于镜中虽然只映出顾客的侧脸,但不论是那鸵鸟蛋似的秃头外表,还是那件古色古香的晨礼服,还有那条永是紫色的领带的色调，一看便知，他正是我们的毛利先生。

当我看见先生的时候，与先生睽违七八年的岁月顿时浮现在脑际。中学学《英语选读》时的班长，以及现在坐在这儿静静地从鼻孔喷着雪茄烟雾的我——对自己而言，这岁月决非短暂。然而，时光的流逝能带走一切，唯独对这位超越时代的毛利先生，难道竟一点也奈何不得他吗？如今，在这夜晚的咖啡馆里，与服务员共桌的先生，依旧是往昔那位在夕阳都找不到的教室里讲选读的先生。无论是秃头抑或是紫色领带，还有那尖嗓门儿都依然如故……说起来，先生此刻不是也在扯着尖嗓门忙不迭地给服务员们讲解着什么吗？我不禁莞尔一笑，忘却了不佳的心绪，凝神谛听着先生的声音。

"喂，这个形容词管着这个名词。嗯，因为'拿破仑'是人名，所以叫名词。知道了吧？然后看看这个名词……紧接着它后面——紧接着它后面的是什么，你们知道吧？啊？你怎么样？"

"关系……关系名词。"一个服务员结结巴巴地答道。

"什么？关系名词？没有所谓的关系名词。是关系……嗯……关系代词吗？对，对，是关系代词。因为是代词，喂，便可以代替'拿破仑'这个名词。喂，代词不就是这样写的吗？——代替名词的词。"

看样子，毛利先生仿佛正在教这个咖啡馆服务员们英语呢。于是，我把椅子往后挪了挪，从另一个角度朝镜子里窥视。果然看见桌上摊放着一本像是入门的书。毛利先生不停地用手指戳着那一页，不厌其烦地讲解着。这点先生也是一如往昔。然而，周围站着的服务员们与当时我们那些学生截然不同，他们挤在一起，个个聚精会神，目光炯炯，老老实实地听着先生那匆忙的讲解。

望了片刻这镜中光景，我不由得对毛利先生渐渐产生了一种温情。我索性也过去，与久违的先生叙叙旧吧。可是先生恐怕不会记得只在教室里与他见过短短一学期的我吧。即使记得……我突然想起当时我们对先生发出的不怀好意的笑声，便改变主意，心想，归根到底，还是不报姓名，向先生遥致敬意更好吧。刚好咖啡喝完了，我扔掉雪茄烟头，悄然起身，虽然自以为动作很轻，但还是扰乱了先生的注意力。我刚离开座位，先生便把那气色很坏的圆脸，连同那稍微弄脏了的翻领西服和紫色领带一起向这边转过来。刹那间,先生的眼神同我的目光在镜中相遇。然而,正如我方才所料想的那样,先生的目光里,果然未浮现出与故旧相遇的那种表情,有的只是像过去那种恳求什么似的可怜的神情。

我俯首看着服务员递过来的账单,默默走到咖啡馆入口处账房去付款。同我面熟、头发梳得很整洁的服务员领班,百无聊赖地在账房侍立。

"那边有人在教英语,是咖啡馆请来的吧?"我边交款边问道。

服务员领班望着门外的街道,索然寡味地答道:"哪里是请来的,不过是每天晚上过来教教得了。听说是个老朽的英语先生,哪儿也不聘他,大概是来消磨时间的吧。要杯咖啡,就在这儿耗一个晚上,我们并不欢迎他呢。"

听了这些,我脑海中即刻浮现出我们的毛利先生那哀求的目光。啊,毛利先生!我好像现在才理解先生——理解他那可敬佩的人格。如果说有天生的教育家的话,那的确就是先生吧。对先生而言,教英语,如同呼吸空气,须臾不可间断。如果硬是不许他教,他那旺盛的精力便即刻枯竭,犹如失去水分的植物。正因为有这种教英语的兴趣,才促使他每晚特意独自到这个咖啡馆来品咖啡。不消说,这决非服务员领班所认为的,是什么消遣,毫无悠闲的意味。况且我们从前怀疑先生的诚意,讥笑他是为了谋生,实在是大错特错了,至今内心里感到愧疚。我以为,不管说他是为了消遣抑或是为了谋生,世人那庸俗的理解,不知让我们的毛利先生何等苦恼。不消说,在这种苦恼之中,先生仍总是一副悠然的态度,系着紫色领带,头戴圆顶礼帽,操守严谨,比唐·吉诃德还要勇敢、坚定、百折不挠地译读下去。然而,先生的眼里,不是也时常痛苦地向听他讲课的学生们——恐怕也是向他所直面的整个社会——闪烁着恳求同情的目光吗?

刹那间,我思前想后,感动得不知是该哭,还是该笑。我竖起大衣领子,匆匆离开咖啡馆。可是,毛利先生在亮得使人心寒的灯光下,趁着没有顾客,依旧扯着尖嗓门儿高声教那些热心学习的服务员们英语。

"因为这个词儿代替名词,所以叫代词。喂,代词,懂了吗?……"

大正七年(1918)十二月

范　爱　农①

①　清末革命团体光复会成员。浙江绍兴黄甫村人。他生于一个破落的幕僚家庭，3岁丧父，5岁失母，与妹妹靠祖母抚养成人，是当时清末资产阶级革命活动家徐锡麟的得意门生之一，1905年随徐氏夫妇东渡日本留学。生于1883年的他，于1912年逝世，不到30岁便落水身亡，不知究竟是失足还是轻生。

在东京的客店里，我们大抵一起来就看报。学生所看的多是《朝日新闻》和《读卖新闻》，专爱打听社会上琐事的就看《二六新闻》。一天早晨，辟头就看见一条从中国来的电报，大概是：

"安徽巡抚恩铭被 Jo Shiki Rin 刺杀，刺客就擒。"

大家一怔之后，便容光焕发地互相告语，并且研究这刺客是谁，汉字是怎样三个字。但只要是绍兴人，又不专看教科书的，却早已明白了。这是徐锡麟，他留学回国之后，在做安徽候补道，办着巡警事物，正合于刺杀巡抚的地位。

大家接着就预测他将被极刑，家族将被连累。不久，秋瑾姑娘在绍兴被杀的消息也传来了，徐锡麟是被挖了心，给恩铭的亲兵炒食净尽。人心很愤怒。有几个人便秘密地开一个会，筹集川资；这时用得着日本浪人了，撕乌贼鱼下酒，慷慨一通之后，他便登程去接徐伯荪的家属去。

照例还有一个同乡会,吊烈士,骂满洲;此后便有人主张打电报到北京,痛斥满政府的无人道。会众即刻分成两派:一派要发电,一派不要发。我是主张发电的,但当我说出之后②,即有一种钝滞③的声音跟着起来:

"杀的杀掉了,死的死掉了,还发什么屁电报呢。"

这是一个高大身材,长头发,眼球白多黑少的人,看人总像在渺视。他蹲在席子上,我发言大抵就反对;我早觉得奇怪,注意着他的了,到这时才打听别人:说这话的是谁呢,有那么冷?认识的人告诉我说:他叫范爱农,是徐伯荪的学生。

我非常愤怒了,觉得他简直不是人,自己的先生被杀了,连打一个电报还害怕,于是便坚执地主张要发电,同他争起来。结果是主张发电的居多数,他屈服了。其次要推出人来拟电稿。

"何必推举呢?自然是主张发电的人啰~~。"他说④。

我觉得他的话又在针对我,无理倒也并非无理的。但我便主张这一篇悲壮的文章必须深知烈士生平的人做,因为他比别人关系更密切,心里更悲愤,做出来就一定更动人。于是

② 注意范爱农说话的时间,是不是在针对鲁迅啊?
③ 可以想象一下多么让人气愤。

④ 写"同乡会争执"是为了突出范爱农的清醒,表现一个革命者的"世故"和看不到前途的绝望,反衬留学生的无意义的口头革命——包括当时的"我"在内,揭示当时革命队伍的真实现状。

又争起来。结果是他不做,我也不做,不知谁承认做去了;其次是大家走散,只留下一个拟稿的和一两个干事,等候做好之后去拍发。

从此我总觉得这范爱农离奇,而且很可恶。天下可恶的人,当初以为是满人,这时才知道还在其次;第一倒是范爱农。中国不革命则已,要革命,首先就必须将范爱农除去⑤。

⑤ 开头把范爱农写得如何如何讨厌,为后文写"我"对他的友善埋下伏笔。这是一种欲扬先抑的写法,对比写出了"我"对范爱农的友谊。

然而这意见后来似乎逐渐淡薄,到底忘却了,我们从此也没有再见面。直到革命的前一年,我在故乡做教员,大概是春末时候罢,忽然在熟人的客座上看见了一个人,互相熟视了不过两三秒钟,我们便同时说:

"哦哦,你是范爱农!"

"哦哦,你是鲁迅!"

不知怎地我们便都笑了起来,是互相的嘲笑和悲哀⑥。他眼睛还是那样,然而奇怪,只这几年,头上却有了白发了,但也许本来就有,我先前没有留心到。他穿着很旧的布马褂,破布鞋,显得很寒素。谈起自己的经历来,他说他后来没有了学费,不能再留学,便回来了。回到故乡之后,又受着轻蔑,排斥,迫害,几乎无地可容。现在是躲在乡下,教着几个小学生糊口。但因为有时觉得很气闷,所以也趁了航船进城来。

⑥ 昔年意气都抛尽,满腔热情、满腔热血,回国以后却全是碰壁碰壁。理想的头碰了一个大钉子。

他又告诉我现在爱喝酒,于是我们便喝

酒。从此他每一进城，必定来访我，非常相熟了。我们醉后常谈些愚不可及的疯话，连母亲偶然听到了也发笑。一天我忽而记起在东京开同乡会时的旧事，便问他：

"那一天你专门反对我，而且故意似的，究竟是什么缘故呢？"

"你还不知道？我一向就讨厌你的，——不但我，我们。"⑦

"你那时之前，早知道我是谁么？"

"怎么不知道。我们到横滨，来接的不就是子英和你么？你看不起我们，摇摇头，你自己还记得么？"⑧

我略略一想，记得的，虽然是七八年前的事。那时是子英来约我的，说到横滨去接新来留学的同乡。汽船一到，看见一大堆，大概一共有十多人，一上岸便将行李放到税关上去候查检，关吏在衣箱中翻来翻去，忽然翻出一双绣花的弓鞋来，便放下公事，拿着子细地看。我很不满，心里想，这些鸟男人，怎么带这东西来呢。自己不注意，那时也许就摇了摇头。检验完毕，在客店小坐之后，即须上火车。不料这一群读书人又在客车上让起坐位来了，甲要乙坐在这位子，乙要丙去坐，揖让未终，火车已开，车身一摇，即刻跌倒了三四个。我那时也很不满，暗地里想：连火车上的坐位，他们也要

⑦ 我们有多少时候惹人厌烦而不自知？

⑧ 坦然地告白自己对鲁迅的情感态度，表现出了万分的坦诚和直率。

分出尊卑来⋯⋯。自己不注意,也许又摇了摇头。然而那群雍容揖让的人物中就有范爱农,却直到这一天才想到。岂但他呢,说起来也惭愧,这一群里,还有后来在安徽战死的陈伯平烈士,被害的马宗汉烈士;被囚在黑狱里,到革命后才见天日而身上永带着匪刑的伤痕的也还有一两人。而我都茫无所知,摇着头将他们一并运上东京了。徐伯荪虽然和他们同船来,却不在这车上,因为他在神户就和他的夫人坐车走了陆路了。

我想我那时摇头大约有两回,他们看见的不知道是那一回。让坐时喧闹,检查时幽静,一定是在税关上的那一回了,试问爱农,果然是的⑨。

"我真不懂你们带这东西做什么?是谁的?"

"还不是我们师母的?"他瞪着他多白的眼。

"到东京就要假装大脚,又何必带这东西呢?"

"谁知道呢?你问她去。"⑩

到冬初,我们的景况更拮据了,然而还喝酒,讲笑话。忽然是武昌起义,接着是绍兴光复。第二天爱农就上城来,戴着农夫常用的毡帽,那笑容是从来没有见过的⑪。

⑨ 注意称呼的变化。

⑩ 范爱农的答话是带有强烈的语气和感情色彩的。"还不是"有明知故问的反诘,"谁知道呢?"是无可奈何的感喟。其中自然隐含了范爱农对此的种种态度:不满和无奈。可见,鲁迅和范爱农反封建的思想认识的基点是一致的。这是两人交往的基础。

⑪ 请注意文章前后描写范爱农外貌的变化,以及神态描写的变化。

"老迅,我们今天不喝酒了。我要去看看光复的绍兴。我们同去。"⑫

我们便到街上去走了一通,满眼是白旗。然而貌虽如此,内骨子是依旧的,因为还是几个旧乡绅所组织的军政府,什么铁路股东是行政司长,钱店掌柜是军械司长……。这军政府也到底不长久,几个少年一嚷,王金发带兵从杭州进来了,但即使不嚷或者也会来。他进来以后,也就被许多闲汉和新进的革命党所包围,大做王都督。在衙门里的人物,穿布衣来的,不上十天也大概换上皮袍子了,天气还并不冷⑬。

我被摆在师范学校校长的饭碗⑭旁边,王都督给了我校款二百元。爱农做监学,还是那件布袍子,但不大喝酒了⑮,也很少有工夫谈闲天。他办事,兼教书,实在勤快得可以⑯。

"情形还是不行,王金发他们。"一个去年听过我的讲义的少年来访问我,慷慨地说,"我们要办一种报来监督他们。不过发起人要借用先生的名字。还有一个是子英先生,一个是德清先生。为社会,我们知道你决不推却的。"

我答应他了。两天后便看见出报的传单,发起人诚然是三个。五天后便见报,开首便骂军政府和那里面的人员;此后是骂都督,都督的亲戚,同乡,姨太太……。

⑫ 为救国而出洋,回国虽然落魄,但是血仍未冷。

⑬ 这句话描写了"光复绍兴"后,衙门里人的着装,非常华贵。开始读这段话的时候,以为只是简简单单的描写,可是一句"天气还并不冷"就让读者陷入了沉思:鲁迅先生在这里又补充说一句,到底有何深意?是为了讽刺那些人吧。在未光复绍兴时,他们畏缩缩,根本不敢站出来说话;现在光复了,就能穿皮袍了,这样的人攫取了革命果实。这句话也在一定程度上表达了作者对死难者的同情与身肩的责任。

⑭ 心酸而又自嘲的用词。

⑮ 注意全文中对于喝酒的描写。

⑯ 为了新生政权的成立而精神焕发,为理想,为新中国。

这样地骂了十多天,就有一种消息传到我的家里来,说都督因为你们诈取了他的钱,还骂他,要派人用手枪来打死你们了。

别人倒还不打紧,第一个着急的是我的母亲,叮嘱我不要再出去。但我还是照常走,并且说明,王金发是不来打死我们的,他虽然绿林大学⑰出身,而杀人却不很轻易。况且我拿的是校款,这一点他还能明白的,不过说说罢了。

⑰ 鲁迅式的幽默。

果然没有来杀。写信去要经费,又取了二百元。但仿佛有些怒意,同时传令道:再来要,没有了!

不过爱农得到了一种新消息,却使我很为难。原来所谓"诈取"者,并非指学校经费而言,是指另有送给报馆的一笔款。报纸上骂了几天之后,王金发便叫人送去了五百元。于是乎我们的少年们便开起会议来,第一个问题是:收不收?决议曰:收。第二个问题是:收了之后骂不骂?决议曰:骂。理由是:收钱之后,他是股东;股东不好,自然要骂。

我即刻到报馆去问这事的真假。都是真的。略说了几句不该收他钱的话,一个名为会计的便不高兴了,质问我道:

"报馆为什么不收股本?"

"这不是股本……。"

"不是股本是什么?"

我就不再说下去了,这一点世故是早已知道的,倘我再说出连累我们的话来,他就会面斥我太爱惜不值钱的生命,不肯为社会牺牲,或者明天在报上就可以看见我怎样怕死发抖的记载。

然而事情很凑巧,季茀写信来催我往南京了。爱农也很赞成,但颇凄凉,说:

"这里又是那样,住不得。你快去罢……。"

我懂得他无声的话,决计往南京。先到都督府去辞职,自然照准,派来了一个拖鼻涕的接收员,我交出账目和余款一角又两铜元,不是校长了。后任是孔教会会长傅力臣。

报馆案是我到南京后两三个星期了结的,被一群兵们捣毁。子英在乡下,没有事;德清适值在城里,大腿上被刺了一尖刀。他大怒了。自然,这是很有些痛的[18],怪他不得。他大怒之后,脱下衣服,照了一张照片,以显示一寸来宽的刀伤,并且做一篇文章叙述情形,向各处分送,宣传军政府的横暴。我想,这种照片现在是大约未必还有人收藏着了,尺寸太小,刀伤缩小到几乎等于无,如果不加说明,看见的人一定以为是带些疯气的风流人物的裸体照片,倘遇见孙传芳大帅,还怕要被禁止的[19]。

[18] 鲁迅招牌式的幽默。

[19] 鲁迅对范爱农的理解,正是在"报馆案"一事中体现出来。今日的少年就是昨日的鲁迅,今日的鲁迅也正是昨日的范爱农。"报馆案"这件事叙述详细,照应了"同乡会争执",既是彻底地解除了鲁迅对范爱农的误会,同时也让我们看到一个有进步思想,有鲜明立场,又清醒的革命者——范爱农。

我从南京移到北京的时候,爱农的学监也被孔教会会长的校长设法去掉了。他又成了革命前的爱农。我想为他在北京寻一点小事做,这是他非常希望的,然而没有机会。他后来便到一个熟人的家里去寄食,也时时给我信,景况愈困穷,言辞也愈凄苦。终于又非走出这熟人的家不可,便在各处飘浮[20]。不久,忽然从同乡那里得到一个消息,说他已经掉在水里,淹死了[21]。

我疑心他是自杀。因为他是浮水的好手,不容易淹死的。

夜间独坐在会馆里,十分悲凉,又疑心这消息并不确,但无端又觉得这是极其可靠的,虽然并无证据。一点法子都没有,只做了四首诗,后来曾在一种日报上发表,现在是将要忘记完了。只记得一首里的六句,起首四句是:"把酒论天下,先生小酒人。大圜犹酩酊,微醉合沉沦。"中间忘掉两句,末了是"旧朋云散尽,余亦等轻尘。"[22]

后来我回故乡去,才知道一些较为详细的事。爱农先是什么事也没得做,因为大家讨厌他。他很困难,但还喝酒,是朋友请他的。他已经很少和人们来往,常见的只剩下几个后来认识的较为年青的人了,然而他们似乎也不愿意多听他的牢骚,以为不如讲笑

[20] 范爱农又回到了革命前的状态,岂止是范爱农,而是中国社会,辛亥革命并没有给中国带来彻底的变革,而是"换汤不换药"。愚昧腐朽的社会是不会给觉醒的知识分子以立锥之地的。

[21] 他就是鲁迅《彷徨》中凭吊的,那些怀着理想要改造时代,却被时代抛弃的少年的真实样本。他们彷徨在社会的缝隙里,不上不下,无力支撑,当理想成为生活中的奢侈品,只能自嘲。

[22] 鲁迅扣住喝酒来追忆范爱农,是有见地的。我们可以回顾前面对于他喝酒的描写。当范爱农的理想和现实发生冲突而无法实现,社会秩序依然如故时,他所接受的资产阶级民主主义思想显得苍白无力。他那原先拥有的反帝反封建的革命热情也逐渐降温消褪。于是乎,范爱农变得爱喝酒了,"醉后常谈些愚不可及的疯话"。其实,"疯话"不疯,而是纵论天下时势的言论。爱喝酒的习惯是在受封建势力排挤、压迫后借酒浇愁形成的,尽管"抽刀断水水更流,借酒浇愁愁复愁"。而且日后的不幸溺水身亡,据说也是因为喝了点酒。但对当时政治上、经济上饱受打击的范爱农而言,也许酒是他排遣郁闷心情的唯一方法。鲁迅理解范爱农为何从"小酒人"变成常饮常醉,这是对朋友的同情与悲悯。

话有趣㉒。

"也许明天就收到一个电报,拆开来一看,是鲁迅来叫我的。"他时常这样说㉔。

一天,几个新的朋友约他坐船去看戏,回来已过夜半,又是大风雨,他醉着,却偏要到船舷上去小解。大家劝阻他,也不听,自己说是不会掉下去的。但他掉下去了,虽然能浮水,却从此不起来。

第二天打捞尸体,是在菱荡里找到的,直立着。

我至今不明白他究竟是失足还是自杀㉕。

他死后一无所有,遗下一个幼女和他的夫人。有几个人想集一点钱作他女孩将来的学费的基金,因为一经提议,即有族人来争这笔款的保管权,——其实还没有这笔款,——大家觉得无聊,便无形消散了。

现在不知他唯一的女儿景况如何?倘在上学,中学已该毕业了罢㉖。

十一月十八日。

㉓落寞。忽然又想起钱理群先生的一句话:"带着极大的屈辱,竭诚奉献了一切,却被为之牺牲的年轻一代,以至整个社会无情地抛弃和放逐。"

㉔能读出鲁迅的伤心吗?

㉕对于出身本就贫寒的范爱农来说,他的离去绝不可能是因为拮据的生活问题,而理想的一时受挫也不足以使他放弃对生的热情;"哀莫大于心死",他的致死原因是对社会上"换汤不换药"的环境的绝望。正如有人评价的那样范爱农孤标傲世,愤世嫉俗,不会随波逐流,苟活于人世,所以他选择了极端的"失足落水"。

㉖对友人深深的怀念,对社会冷漠的感慨。

【尾评】

文章一开头,鲁迅就用平凡又朴素的语言,记叙了其曾经在同乡会上认识范爱农的事,先抒发自己对他的憎恶,为后文写他的亲切友善做铺垫。欲扬先抑的写作手法十分到位,语言朴素却又不失精练。在当时浑浑噩噩的国度里,范爱农的死可能是具有不满现实、不屈不挠而又无力改变的心志和性格的"范爱农们"的必然结果。从这个意义而言,范爱农的悲剧就不是孤立的,不是个人悲剧,而是具有典型性的社会悲剧。因为,在范爱农身上集中了那一代大多数的知识分子处于彷徨苦海中的身影。

鲁迅先生一生名篇众多,方式各异,或辛辣,或深刻,或让人惊醒,或让人深思。纵观《鲁迅全集》,读完之后给人以哀伤久久不能散去的惆怅之感的作品,唯两篇回忆之作,一篇是为了怀念被杀害的"左联"五壮士(殷夫、柔石、冯铿、李伟森、胡也频),收录在《南腔北调集》的《为了忘却的记念》;另一篇则是《朝花夕拾》的最后一篇,也就是今天的主角《范爱农》。

范爱农一出场,一个遇事冷静不盲从的、不世故且带点小孤傲的革命知识分子形象瞬间清晰起来。鲁迅特别擅长用寥寥几语使主要角色的第一次出场给人以震撼之感,比如最经典的"孔乙己是站着喝酒而穿长衫的唯一的人",一下子就把这个角色的与众不同以及人物最鲜明的色彩写出来了,这是非常高明的写作手法。

我们解析《朝花夕拾》一定不要走入一个误区,就是把散文集完全当成真正的纪实文学。无论是《故乡》《范爱农》都不是单纯的简单叙事,里边是存在小说的创作手法的,我们印象极深的范爱农与鲁迅之间在日本的争执可能是虚构的,因为据周作人回忆,徐锡麟刺杀被害后,鲁迅和范爱农都是不主张发电报的,主张发电报的是梁启超派,今天我们是能够非常明确地了解发电报确实是没什么用的。这就意味着鲁迅这样的情节设置,实际上是自污了一把。如果我们把这个"自污"的角度延展到全篇呢,会发现整个回忆,主线或者说明线是祭奠、怀念范爱农,而暗线其实是鲁迅深刻的自我批判,甚至是不惜用自污的手段来解剖自己。我们读《范爱农》为什么会感到忧伤不绝,并不着重觉得这样的人逝去或自杀可惜,而暗线的那种自责、愧疚之感让我们作为读者似乎都被代入了进去。

鲁迅为什么在一开始用这样的语言来写范爱农:"从此我总觉得这范爱农离奇,而且很可恶。天下可恶的人,当初以为是满人,这时才知道还在其次;第一倒是范爱农。中国不革命则已,要革命,首先就必须将范爱农除去。"

一方面是欲扬先抑的手法,但这段话到底描绘的是范爱农,还是文章中的"鲁迅"呢?

而越是写这些自以为是"英雄"的嘴脸恶毒、偏执,就越显得那些默默奉献的,无人知晓的行动派革命者的难能可贵。

因为鲁迅在文章中还写到,他一开始所"瞧不起"的新来的那些日本留学生,最后几乎都成了烈士:"说起来也惭愧,这一群里,还有后来在安徽战死的陈伯平烈士,被害的马宗汉烈士;被囚在黑狱里,到革命后才见天日而身上永带着匪刑的伤痕的也还有一两人。"

而鲁迅自己却在蔡元培的帮助下成了国民政府的教育官员,这是不是又让我们联想到了《狂人日记》里那句交代狂人结局的"然已早愈,赴某地候补矣"呢?当然,今天的我们明白这是鲁迅为了践行自己的"立人"之路,并非只是为了生计。而在鲁迅思想的影响下,出现了更多的觉醒之士,他们敢于打破黑暗的铁窗。

后　　记①

我在第三篇讲《二十四孝》的开头,说北京恐吓小孩的"马虎子"应作"麻胡子",是指麻叔谋,而且以他为胡人。现在知道是错了,"胡"应作"祜",是叔谋之名,见唐人李济翁做的《资暇集》卷下,题云《非麻胡》。原文如次:

"俗怖婴儿曰:麻胡来！不知其源者,以为多髯之神而验刺者,非也。隋将军麻祜,性酷虐,炀帝令开汴河,威棱既盛,至稚童望风而畏,互相恐吓曰:麻祜来！稚童语不正,转祜为胡。只如宪宗朝泾将郝玼,蕃中皆畏惮,其国婴儿啼者,以玼怖之则止。又,武宗朝,闾阎孩孺相胁云:薛尹来！咸类此也。况《魏志》载张文远辽来之明证乎？"(原注:麻祜庙在睢阳。郎方节度李丕即其后。丕为重建碑。)

原来我的识见,就正和唐朝的"不知其源者"相同,贻讥于千载之前,真是咎有应得,只好苦笑。但又不知麻祜庙碑或碑文,现今尚在睢阳或存于方志中否？倘在,我们当可以看见和小说《开河记》所载相反的他的功业。

① 《后记》补充批判中国文化中那股消极封建的观念是如何在童年时期就扼杀人的天性,那帮"御用文人画匠"如何附庸忠孝做出画虎类猫的糗事……本来,鲁迅只是想找几张旧画像来做插图,可在不同版本的画像比较评判中,鲁迅忍不住用他那如椽大笔讽刺起来……可以说,《后记》既是对"插图"的解释说明,也是对前文的补充交待。

后　记

　　因为想寻几张插画，常维钧兄给我在北京搜集了许多材料，有几种是为我所未曾见过的。如光绪己卯(1879)肃州胡文炳作的《二百卌孝图》——原书有注云："卌读如习。"我真不解他何以不直称四十，而必须如此麻烦——即其一。我所反对的"郭巨埋儿"，他于我还未出世的前几年，已经删去了。序有云：

　　"……坊间所刻《二十四孝》，善矣。然其中郭巨埋儿一事，揆之天理人情，殊不可以训。……炳窃不自量，妄为编辑。凡矫枉过正而刻意求名者，概从割爱；惟择其事之不诡于正，而人人可为者，类为六门。……"

　　这位肃州胡老先生的勇决，委实令我佩服了。但这种意见，恐怕是怀抱者不乏其人，而且由来已久的，不过大抵不敢毅然删改，笔之于书。如同治十一年(1872)刻的《百孝图》，前有纪常郑绩序，就说：

　　"……况迩来世风日下，沿习浇漓，不知孝出天性自然，反以孝作另成一事。且择古人投炉埋儿为忍心害理，指割股抽肠为损亲遗体。殊未审孝只在乎心，不在乎迹。尽孝无定形，行孝无定事。古之孝者非在今所宜，今之孝者难泥古之事。因此时此地不同，而其人其事各异，求其所以尽孝之心则一也。子夏曰：事父母能竭其力。故孔门问孝，所答何尝有同然乎?……"

则同治年间就有人以埋儿等事为"忍心害理",灼然可知。至于这一位"纪常郑绩"先生的意思,我却还是不大懂,或者像是说:这些事现在可以不必学,但也不必说他错。

这部《百孝图》的起源有点特别,是因为见了"粤东颜子"的《百美新咏》而作的。人重色而己重孝,卫道之盛心可谓至矣。虽然是"会稽俞葆真兰浦编辑",与不佞有同乡之谊,——但我还只得老实说:不大高明。例如木兰从军的出典,他注云:"隋史"。这样名目的书,现今是没有的;倘是《隋书》,那里面又没有木兰从军的事。

而中华民国九年(1920),上海的书店却偏偏将它用石印翻印了,书名的前后各添了两个字:《男女百孝图全传》。第一叶上还有一行小字道:家庭教育的好模范。又加了一篇"吴下大错王鼎谨识"的序,开首先发同治年间"纪常郑绩"先生一流的感慨:

"慨自欧化东渐,海内承学之士,嚣嚣然侈谈自由平等之说,致道德日就沦胥,人心日益浇漓,寡廉鲜耻,无所不为,侥幸行险,人思幸进,求所谓砥砺廉隅,束身自爱者,世不多睹焉。……起观斯世之忍心害理,几全如陈叔宝之无心肝。长此滔滔,伊何底止?……"

其实陈叔宝模胡到好像"全无心肝",或者有之,若拉他来配"忍心害理",却未免有些冤枉。这是有几个人以评"郭巨埋儿"和"李娥投炉"的事的。

至于人心,有几点确也似乎正在浇漓起来。自从《男女之秘密》,《男女交合新论》出现后,上海就很有些书名喜欢用"男女"二字冠首。现在是连"以正人心而厚风俗"的《百孝图》上也加上了。这大概为因不满于《百美新咏》而教孝的"会稽俞葆真兰浦"先生所不及料的罢。

从说"百行之先"的孝而忽然拉到"男女"上去,仿佛也近乎不庄重,——浇漓。但我总还想趁便说几句,——自然竭力来减省。

我们中国人即使对于"百行之先",我敢说,也未必就不想到男女上去的。太平无事,闲人很多,偶有"杀身成仁舍生取义"的,本人也许忙得不暇检点,而活着的旁观者总会加以绵密的研究。曹娥的投江觅父,淹死后抱父尸出,是载在正史,很有许多人知道的。但这一个"抱"字却发生过问题。

我幼小时候,在故乡曾经听到老年人这样讲:

"……死了的曹娥,和她父亲的尸体,最初是面对面抱着浮上来的。然而过往行人看见的都发笑了,说:哈哈!这么一个年青姑娘抱着这么一个老头子!于是那两个死尸又沉下去了;停了一刻又浮起来,这回是背对背的负着。"

好!在礼义之邦里,连一个年幼——呜呼,"娥年十四"而已——的死孝女要和死父亲一同浮出,也有这么艰难!

我检查《百孝图》和《二百卅孝图》,画师都很聪明,所画的是曹娥还未跳入江中,只在江干啼哭。但吴友如画的《女二十四孝图》(1892)却正是两尸一同浮出的这一幕,而且也正画作"背对背",如第一图的上方。我想,他大约也知道我所听到的那故事的。还有《后二十四孝图说》,也是吴友如画,也有曹娥,则画作正在投江的情状,如第一图下。

就我现今所见的教孝的图说而言,古今颇有许多遇盗,遇虎,遇火,遇风的孝子,那应付的方法,十之九是"哭"和"拜"。

中国的哭和拜,什么时候才完呢?

至于画法,我以为最简古的倒要算日本的小田海僊本,这本子早已印入《点石斋丛画》里,变成国货,很容易入手的了。吴友如画的最细巧,也最能引动人。但他于历史画其实是不大相宜的;他久居上海的租界里,耳濡目染,最擅长的倒在作"恶鸨虐妓","流氓拆梢"一类

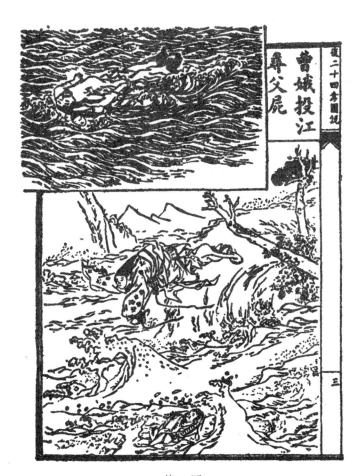

第一图

的时事画,那真是勃勃有生气,令人在纸上看出上海的洋场来。但影响殊不佳,近来许多小说和儿童读物的插画中,往往将一切女性画成妓女样,一切孩童都画得像一个小流氓,大半就因为太看了他的画本的缘故。

而孝子的事迹也比较地更难画,因为总是惨苦的多。譬如"郭巨埋儿",无论如何总难以画到引得孩子眉飞色舞,自愿躺到坑里去。还有"尝粪心忧",也不容易引人入胜。还有老莱子的"戏彩娱亲",题诗上虽说"喜色满庭帏",而图画上却绝少有有趣的家庭的气息。

我现在选取了三种不同的标本,合成第二图。上方的是《百孝图》中的一部分,"陈村何云梯"画的,画的是"取水上堂诈跌卧地作婴儿啼"这一段。也带出"双亲开口笑"来。中间的一小块是我从"直北李锡彤"画的《二十四孝图诗合刊》上描下来的,画的是"著五色斑斓之衣为婴儿戏于亲侧"这一段;手里捏着"摇咕咚",就是"婴儿戏"这三个字的点题。但大约李先生觉得一个高大的老头子玩这样的把戏究竟不像样,将他的身子竭力收缩,画成一个有胡子的小孩子了。然而仍然无趣。至于线的错误和缺少,那是不能怪作者的,也不能埋怨我,只能去骂刻工。查这刻工当前清同治十二年(1873)时,是在"山东省布政司街南首路西鸿文堂刻字处"。下方的是"民国壬戌"(1922)慎独山房刻本，无画人姓名，但是双料画法，一面"诈跌卧地"，一面"为婴儿戏"，将两件事合起来，而将"斑斓之衣"忘却了。吴友如画的一本，也合两事为一，也忘了斑斓之衣，只是老莱子比较的胖一些，且绾着双丫髻，——不过还是无趣味。

人说，讽刺和冷嘲只隔一张纸，我以为有趣和肉麻也一样。孩子对父母撒娇可以看得有趣，若是成人，便未免有些不顺眼。放达的夫妻在人面前的互相爱怜的态度，有时略一跨出有趣的界线，也容易变为肉麻。老莱子的作态的图，正无怪谁也画不好。像这些图画上似的家庭里，我是一天也住不舒服的，你看这样一位七十多岁的老太爷整年假惺惺地玩着一个"摇咕咚"。

汉朝人在宫殿和墓前的石室里，多喜欢绘画和雕刻古来的帝王，孔子弟子，列士，列女，孝子之类的图。宫殿当然一样不存了；石室却偶然还有，而最完全的是山东嘉祥县的武氏石室。我仿佛记得那上面就刻着老莱子的故事。但现在手头既没有拓本，也没有《金石萃编》，不能查考了；否则，将现时的和约一千八百年前的图画比较起来，也是一种颇有趣味的事。

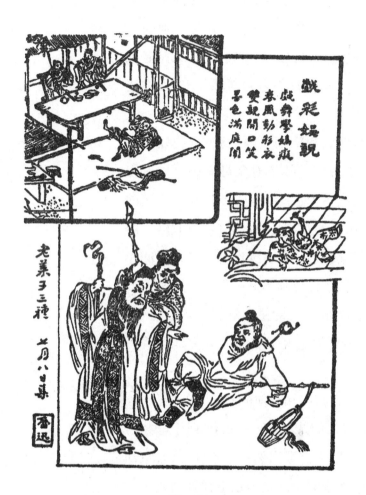

第二图

后　记

关于老莱子的,《百孝图》上还有这样的一段:

"……莱子又有弄雏娱亲之事:尝弄雏于双亲之侧,欲亲之喜。"(原注:《高士传》。)

谁做的《高士传》呢? 嵇康的,还是皇甫谧的? 也还是手头没有书,无从查考。只在新近因为白得了一个月的薪水,这才发狠买来的《太平御览》上查了一通,到底查不着,倘不是我粗心,那就是出于别的唐宋人的类书里的了。但这也没有什么大关系。我所觉得特别的,是文中的那"雏"字。

我想,这"雏"未必一定是小禽鸟。孩子们喜欢弄来玩耍的,用泥和绸或布做成的人形,日本也叫 Hina,写作"雏"。他们那里往往存留中国的古语;而老莱子在父母面前弄孩子的玩具,也比弄小禽鸟更自然。所以英语的 Doll,即我们现在称为"洋囡囡"或"泥人儿",而文字上只好写作"傀儡"的,说不定古人就称"雏",后来中绝,便只残存于日本了。但这不过是我一时的臆测,此外也并无什么坚实的凭证。

这弄雏的事,似乎也还没有人画过图。

我所搜集的另一批,是内有"无常"的画像的书籍。一曰《玉历钞传警世》(或无下二字),

一曰《玉历至宝钞》(或作编)。其实是两种都差不多的。关于搜集的事,我首先仍要感谢常维钧兄,他寄给我北京龙光斋本,又鉴光斋本;天津思过斋本,又石印局本;南京李光明庄本。其次是章矛尘兄,给我杭州玛瑙经房本,绍兴许广记本,最近石印本。又其次是我自己,得到广州宝经阁本,又翰元楼本。

这些《玉历》,有繁简两种,是和我的前言相符的。但我调查了一切无常的画像之后,却恐慌起来了。因为书上的"活无常"是花袍,纱帽,背后插刀;而拿算盘,戴高帽子的却是"死有分"!虽然面貌有凶恶和和善之别,脚下有草鞋和布(?)鞋之殊,也不过画工偶然的随便,而最关紧要的题字,则全体一致,曰:"死有分"。呜呼,这明明是专在和我为难。

然而我还不能心服。一者因为这些书都不是我幼小时候所见的那一部,二者因为我还确信我的记忆并没有错。不过撕下一叶来做插画的企图,却被无声无臭地打得粉碎了。只得选取标本各一——南京本的死有分和广州本的活无常——之外,还自己动手,添画一个我所记得的目连戏或迎神赛会中的"活无常"来塞责,如第三图上方。好在我并非画家,虽然太不高明,读者也许不至于嗔责罢。先前想不到后来,曾经对于吴友如先生辈颇说过几句

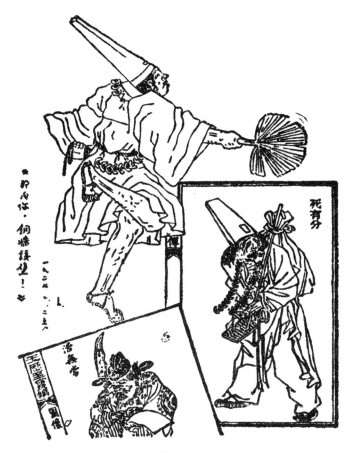

第三图

蹊跷话，不料曾几何时，即须自己出丑了，现在就预先辩解几句在这里存案。但是，如果无效，那也只好直抄徐（印世昌）大总统的哲学：听其自然。

还有不能心服的事，是我觉得虽是宣传《玉历》的诸公，于阴间的事情其实也不大了然。例如一个人初死时的情状，那图像就分成两派。一派是只来一位手执钢叉的鬼卒，叫作"勾魂使者"，此外什么都没有；一派是一个马面，两个无常——阳无常和阴无常——而并非活无常和死有分。倘说，那两个就是活无常和死有分罢，则和单个的画像又不一致。如第四图版上的 A，阳无常何尝是花袍纱帽？只有阴无常却和单画的死有分颇相像的，但也放下算盘拿了扇。这还可以说大约因为其时是夏天，然而怎么又长了那么长的络腮胡子了呢？难道夏天时疫多，他竟忙得连修刮的工夫都没有了么？这图的来源是天津思过斋的本子，合并声明；还有北京和广州本上的，也相差无几。

B 是从南京的李光明庄刻本上取来的，图画和 A 相同，而题字则正相反了：天津本指为阴无常者，它却道是阳无常。但和我的主张是一致的。那么，倘有一个素衣高帽的东西，不问他胡子之有无，北京人，天津人，广州人只管去称为阴无常或死有分，我和南京人则叫他活无常,各随自己的便罢。"名者,实之宾也",不关什么紧要的。

不过我还要添上一点 C 图,是绍兴许广记刻本中的一部分,上面并无题字,不知宣传者于意云何。我幼小时常常走过许广记的门前,也闲看他们刻图画,是专爱用弧线和直线,不大肯作曲线的,所以无常先生的真相,在这里也难以判然。只是他身边另有一个小高帽,却还能分明看出,为别的本子上所无。这就是我所说过的在赛会时候出现的阿领。他连办公时间也带着儿子(?)走,我想,大概是在叫他跟随学习,预备长大之后,可以"无改于父之道"的。

除勾摄人魂外,十殿阎罗王中第四殿五官王的案桌旁边,也什九站着一个高帽脚色。如D图,1 取自天津的思过斋本,模样颇漂亮;2 是南京本,舌头拖出来了,不知何故;3 是广州的宝经阁本,扇子破了;4 是北京龙光斋本,无扇,下巴之下一条黑,我看不透它是胡子还是舌头;5 是天津石印局本,也颇漂亮,然而站到第七殿泰山王的公案桌边去了:这是很特别的。

又,老虎噬人的图上,也一定画有一个高帽的脚色,拿着纸扇子暗地里在指挥。不知道这也就是无常呢,还是所谓"伥鬼"? 但我乡戏文上的伥鬼都不戴高帽子。

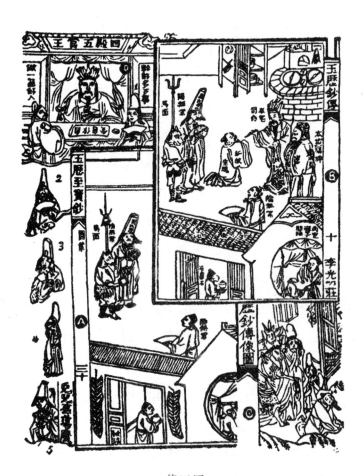

第四图

后　记

　　研究这一类三魂渺渺，七魄茫茫，"死无对证"的学问，是很新颖，也极占便宜的。假使征集材料，开始讨论，将各种往来的信件都编印起来，恐怕也可以出三四本颇厚的书，并且因此升为"学者"。但是，"活无常学者"，名称不大冠冕，我不想干下去了，只在这里下一个武断：

　　《玉历》式的思想是很粗浅的："活无常"和"死有分"，合起来是人生的象征。人将死时，本只须死有分来到。因为他一到，这时候，也就可见"活无常"。

　　但民间又有一种自称"走阴"或"阴差"的，是生人暂时入冥，帮办公事的脚色。因为他帮同勾魂摄魄，大家也就称之为"无常"；又以其本是生魂也，则别之曰"阳"，但从此便和"活无常"隐然相混了。如第四图版之 A，题为"阳无常"的，是平常人的普通装束，足见明明是阴差，他的职务只在领鬼卒进门，所以站在阶下。

　　既有了生魂入冥的"阳无常"，便以"阴无常"来称职务相似而并非生魂的死有分了。

　　做目连戏和迎神赛会虽说是祷祈，同时也等于娱乐，扮演出来的应该是阴差，而普通状态太无趣，——无所谓扮演，——不如奇特些好，于是就将"那一个无常"的衣装给他穿上了；——自然原也没有知道得很清楚。然而从此也更传讹下去。所以南京人和我之所谓活无常,是阴差而穿着死有分的衣冠,顶着真的活无常的名号,大背经典,荒谬得很的。

不知海内博雅君子,以为何如?

我本来并不准备做什么后记,只想寻几张旧画像来做插图,不料目的不达,便变成一面比较,剪贴,一面乱发议论了。那一点本文或作或辍地几乎做了一年,这一点后记也或作或辍地几乎做了两个月。天热如此,汗流浃背,是亦不可以已乎:爰为结。

一九二七年七月十一日,写完于广州东堤寓楼之西窗下。

【尾评】

1931年初,一位名叫增田涉的日本文学青年来到中国上海,向鲁迅表示想了解中国和中国文学。鲁迅就送了他一本薄薄的书,并向他指出:"要了解中国,先看看这本书。"这本书,就是鲁迅先生于1926年创作的带有回忆色彩的叙事散文集《朝花夕拾》。

《朝花夕拾》是中华民族的时代记忆。鲁迅历经沧桑后隐去了惯常的愤怒和绝望,诉求于自己的体验和抒情。他从一个孩子的视线出发,又融入了成人的理性思维,使得《朝花夕拾》百味俱生。今天,我们重读鲁迅的作品,依然可以感受到其中的温情和残酷、个人和社会、现代和传统、快乐和痛苦交织纠缠在一起的繁复情感。也许,这本书永远也读不完,因为它常读常新。

鲁迅曾感慨道:"带露折花,色香自然要好得多,但是我不能够。"朝花灿烂,

后 记

而不能够采摘,指的便是鲁迅青少年时期的经历并不十分美好,反而是时时带有悲哀沉重的伤痛。但不管是美好也罢,伤痛也罢,能够让鲁迅时时反顾的,必是对他产生了重要影响的人。

在《五猖会》一文中,父亲一出场便不美妙。少年鲁迅渴望能够去离家很远的,"出城还有六十多里水路"的东关去看五猖会,"笑着跳着",兴奋地等待出发的时候,父亲忽然就站在他的身后了。父亲是一个典型的封建大家庭之长,说一不二,颇具威严,所以"工人的脸色很谨肃"了;等到物件已经搬完等待出发,因为我的书还没有背完,而"母亲,工人,长妈妈即阿长,都无法营救,只默默地静候着我读熟,而且背出来"。当时,鲁迅不过是一个七岁的孩童。父亲以"背不出,就不准去看会"为威胁,逼迫鲁迅去背《鉴略》。而《鉴略》,据说是比《千字文》《百家姓》有用得多的书。父亲所采取的手段是鲁迅所不能接受的,但我们也不难看出父亲对鲁迅的期待与厚望,这与任何一个望子成龙的父亲并无太大不同。后来,家里人将鲁迅送到"全城中称为最严厉的书塾"里去,自然也是父亲的一力主张。在书塾的选择上,鲁迅父亲望子成龙的心态体现得尤为明显。但在对鲁迅的严格要求之外,我们也须留意到父亲并不是一个十分顽固的旧式家长,否则他大概是不会同意一大家子出远门看会的。

等到病重,问医寻药不见效之后,父亲的固执与倔强的一面便显露出来了。陈莲河建议父亲用"一种丹",但"父亲沉思了一会,摇摇头",又一回,他仍然是"沉思了一会,摇摇头"。拒绝其他的尝试,实际上就是拒绝治疗,等死。此时的父亲,似乎是看透了一切,但更是因为下定决心,不至于让整个家庭因为自己治病而陷入贫寒的境地。这是一家之主的责任。

父亲对鲁迅的影响是不易看出来的,但还是能从《父亲的病》一段话中找出一些端倪:"父亲的喘气颇长久,连我也听得很吃力,然而谁也不能帮助他。我有时竟至于电光一闪似的想道:'还是快一点喘完了罢……'立刻觉得这思想就不该,就是犯了罪;但同时又觉得这思想实在是正当的,我很爱我的父亲。便是现在,也还是这样想。"

在逼迫鲁迅背书的时候，父亲内心会不会也有类似的想法呢？会不会觉着鲁迅已经很吃力了，而会一时心软？父亲爱着他的儿子，儿子也爱着他的父亲，父亲严格的爱给少年鲁迅心中投下了阴影，使他"诧异"，鲁迅对父亲的爱使父亲弥留之际多承受了一些痛苦。

母亲的形象在《朝花夕拾》中只有寥寥几处，除去上文所提到的《五猖会》——少年鲁迅寄希望于母亲能救自己于水火之中，但母亲终于没有行动——之外，只有四处：第一处是《琐记》中，沈四太太劝告鲁迅不要吃冰，被鲁迅母亲听到，"跑出来我们都挨了一顿骂"。第二处是《范爱农》中，听到有人要枪杀鲁迅的消息，母亲"叮嘱我不要再出去"。第三处是"我们醉后常谈些愚不可及的疯话，连母亲偶然听到了也发笑"。前二者，是一个真正关爱自己孩子的母亲都会做的事情。而后者，所谓"疯话"，自然是"论天下"的言语，母亲听到了发笑，又告诉我们鲁迅的母亲并不是一个十分顽固的人，反倒对自己的儿子是颇多包容，甚至是有一些欣赏的。第四处，出现在《阿长与〈山海经〉》中，鲁迅向母亲抱怨阿长睡觉占去整个席子，母亲问阿长："一定怕热罢？"说话委婉得体，颇具大家闺秀的风范与礼仪。只是这样的话，对于阿长这样目不识丁的妇女来并不管用。

除此之外，鲁迅的母亲在整部书中竟然就此踪迹全无了。从字里行间，我们不难发现母亲其实陪伴了鲁迅相当长的时间，但鲁迅对她着墨不多。唯一的可能是，鲁迅的母亲与当时其他诸多母亲并无不同，在养育子女之外，并不能给予子女精神成长以太多的营养。

而另一个人物——阿长，即长妈妈，则在一定程度上替代了母亲的位置。

阿长，是鲁迅的保姆，与鲁迅的母亲分担了养育鲁迅的职责，她与鲁迅之间的关系比起鲁迅与母亲之间的关系生动活泼了许多。

没有人记得阿长的名字，作为一个下人，又处于那样的时代，这是常态，这种常态却是一种熟视无睹的悲哀。她像所有家庭妇女一样，喜欢"切切察察"一些家长里短。对待鲁迅，她悉心照料，却又有些粗鲁野蛮，"不许我走动"，动辄"就说我顽皮"，睡觉时又睡成"大"字，招来鲁迅不少的抱怨。

后　记

但她懂得不少习俗，民间所谓的"规矩"，比如正月初一醒来要先说祝福的话，人死了要说"老掉了"，饭粒要拣起来，不能从晒裤子的竹竿下过等等。虽然这些往往包含有迷信的成分，尤其如妇女脱掉裤子就可以让大炮失效，但鲁迅对民间习俗的了解，比如五猖会、无常等，怕是有不少就是从长妈妈这里知晓的。

阿长还喜欢给鲁迅讲述民间故事，比如长毛，又比如美女蛇。我们有理由推想，在这两个故事之外，阿长肯定还讲述了其他许多故事。这些故事无意之中滋养着少年鲁迅的精神世界。

阿长自然也有她卑劣的一面，如踩死隐鼠却推脱给猫，但她对鲁迅毕竟是爱护的，对于一个儿童的渴望是去倾听和尊重。隐鼠被踩死，鲁迅自然不快，但当目不识丁的阿长将《山海经》放在鲁迅面前，使鲁迅冰释前嫌的，不仅仅是这样一本满足他愿望的"最为心爱的宝书"，更是阿长对鲁迅始终存在的深深的爱意。

由此不得不捎带提一下这个隐藏在《朝花夕拾》中的神秘人物——远房叔祖。正是从远房叔祖这里，鲁迅知晓了《山海经》这样一本书的存在。这位远房叔祖藏书颇丰，"是个寂寞者"，"爱和孩子们往来"，"称我们为'小友'"。鲁迅在他的书斋里看书，二人聊书，也是一段意义非常的岁月。

除了上述家人，鲁迅还提到了一个邻居——衍太太。她是一个有些类似阿长，但比阿长更不堪的人物。

"她是一个精通礼节的妇人"（《父亲的病》），让鲁迅叫父亲，却给父亲带来了痛苦。"她对自己的儿子虽然狠，对别家的孩子却好的，无论闹出什么乱子来"（《琐记》）：我们吃冰，她计数；我们打旋子，她计数；待到阿祥摔倒，她又在阿祥婶母面前摆出讨好的模样；她给鲁迅看春宫图；撺掇鲁迅偷母亲的首饰变卖……她没有底线和原则。鲁迅并没有偷母亲的首饰，却被她传了流言出来，使鲁迅无地自容。

凡此种种，动机何在？损人利己？是有可能的。但私以为，最大的可能是这样的行为，或者说生活方式，是衍太太的一种不自觉的行为。很明显，在《朝花夕拾》中,鲁迅是把衍太太作为一个群体的代表来写的。这样一群被裹挟在某种不健康文化中的人物,虽然有富贵的生活与地位,却无富贵的精神,更遑论为人的尊严与底线。事关己时,不妨费劲各种心思维护自己的利益;事不关己时,也不妨嚼嚼别人的事儿以自我娱乐,获得一种异样的满足。

好在鲁迅在这样的环境中反倒是受到刺激,决心脱离这样的环境,而不至于堕落其中。鲁迅对国民劣根性的批判,极有可能便是从衍太太这样的人身上获得的启发。

约十一岁时,鲁迅被送入三味书屋学习,师从寿镜吾先生。

据鲁迅在《从百草园到三味书屋》中描述,寿镜吾先生高而瘦,须发花白,戴大眼镜,所办的书塾三味书屋以严厉著称,其本人又以方正、质朴、博学闻名,所以鲁迅对寿镜吾先生极为恭敬。

不过寿镜吾先生虽然严厉,但对就读的小孩子们并不苛刻,更不暴虐。学生入学行礼,他和蔼地答礼;学生到园子里人太多,他会生气大叫,但并不怎么责罚,"有一条戒尺,但是不常用,也有罚跪的规则,但也不常用"。少年鲁迅向他询问"怪哉"虫,虽然被拒绝,但敢于向他问这些与学习无关的事情,一可见日常寿镜吾先生对学生并不冷漠,二可知寿镜吾先生对学生仍然是以学业为重心的。他对鲁迅的学业也颇为上心,根据鲁迅的学业进度,给他"读的书渐渐加多,对课也渐渐地加上字去",大体上可以说是一位因材施教的好老师。

但寿镜吾先生对鲁迅影响最深刻的或许不是寿镜吾先生所教授的学业——虽然鲁迅的确是一名旧学底子深厚的学生,而是他的人格。在《从百草园到三味书屋》中,鲁迅动情地写到先生念书的场景:

"先生自己也念书。后来,我们的声音便低下去,静下去了,只有他还大声朗读着:

'铁如意,指挥倜傥,一坐皆惊呢~~;金叵罗,颠倒淋漓噫,千杯未醉嗬~~……'

我疑心这是极好的文章,因为读到这里,他总是微笑起来,而且将头仰起,摇着,向后面拗过去,拗过去。"

后　记

先生所读的是清末刘翰所写的《李克用置酒三垂岗赋》。据欧阳修《新五代史·唐庄宗本纪》，李克用破孟方立，还军上党，在三垂岗置酒宴会，伶人演奏《百年歌》，唱到描写衰老的诗句，四座凄怆。后李存勖继承父志，戴孝出征，在三垂岗大胜，称霸中原。刘翰《李克用置酒三垂岗赋》便是一首以此为背景创作的感古伤今之作，整篇赋虽然不免伤感，却豪气激荡。寿镜吾大声朗读，沉醉其中，难道不是因为他"烈士暮年，壮心未已"吗？师者，传道。寿镜吾先生便是以身传道的典范。这种壮烈的精神，对正处于青春期的鲁迅来说，是一种异于腐旧社会的光亮。此后的鲁迅，也正是以这样一种壮烈的精神存在着。

藤野先生是鲁迅在仙台留学时的老师。他不修边幅，在学生中间留下"穿衣服太模胡"的名声，在火车上还被疑心为扒手。但他却是一名治学极为严谨认真的老师，他指出鲁迅解剖图的错误，又专门询问鲁迅中国女人裹脚是怎样的裹法，足骨如何畸形，希望看一看以明白究竟是怎么一回事。他热心，他担心鲁迅无法跟上学习进度，要求一星期检查一次鲁迅的学习笔记，并帮鲁迅订正错误、补充遗漏。他又相当敏感细心，解剖实习时担心鲁迅因为敬重鬼而不肯解剖尸体。在鲁迅遭遇污蔑与陷害时，他又和鲁迅的几个同学一起站出来主持公道。

想必他对鲁迅是相当器重的，以至于当鲁迅告诉他将不学医学的时候，他竟然有些悲哀凄然。他嘱托鲁迅多联系，实际上是希望鲁迅能够继续学习。但鲁迅却从此时起打定了弃医从文的主意。但回顾往事，鲁迅写道：

"但不知怎地，我总还时时记起他，在我所认为我师之中，他是最使我感激，给我鼓励的一个。有时我常常想：他的对于我的热心的希望，不倦的教诲，小而言之，是为中国，就是希望中国有新的医学；大而言之，是为学术，就是希望新的医学传到中国去。他的性格，在我的眼里和心里是伟大的，虽然他的姓名并不为许多人所知道。"

在一个远走日本的游子彷徨无路的时候，正是藤野先生帮助了鲁迅，使鲁迅感受到温暖，并且受到鼓励，在一条与众不同的路上走下去。鲁迅的治学、研究也相当严谨，或许正是受了藤野先生的影响。他的公正、热情、无私、对科学的热忱,自然也使为中国之旧而痛心疾首的鲁迅钦佩。

范爱农是《朝花夕拾》中特殊的存在,他是鲁迅的朋友,鲁迅对他寄寓了相当的同情。

二人在东京相识,范爱农等人给鲁迅留下的第一印象便是迂腐、守旧,往东京竟然带着绣花鞋,火车站一个座位也要分出尊卑来……鲁迅的不以为然与鄙夷被范爱农看在眼里,怀恨在心。范爱农的老师徐锡麟被杀,就是否发电痛斥一事,范爱农竟然处处与鲁迅作对。鲁迅便觉着范爱农冷漠、可恶。

"革命的前一年",即 1910 年,鲁迅在家乡做教员,范爱农因参加革命被排斥迫害,只得躲在乡下,二人经过最初的"不打不相识",又"故乡遇故知",竟因为同样的彷徨迷茫无出路而结交为友,"互相的嘲笑和悲哀"。嘲笑的自然是彼此的落魄,悲哀的也自然是此时的落魄,毕竟二人都是壮志凌云的有志之士。落魄之际,二人也只能借酒浇愁,互相说些"愚不可及的疯话"了。

虽然生活困顿无出路,但范爱农始终关心着革命。武昌起义爆发,绍兴光复,范爱农兴奋地进城找鲁迅,要去看看光复的绍兴。紧接着,鲁迅被任命为师范学校的校长,范爱农为学监。生活的新希望使范爱农兴奋不已,他不关注自己的衣食住行("还是那件布袍子"),也少有工夫谈闲天,"办事,兼教书,实在勤快得可以"。心中畅快的范爱农也不大喝酒了,作为一名有理想的革命斗士,在能够施展自己所能的时候,他一腔热血地投入其中。

然而革命的果实还是被旧势力窃取,所谓的军政府实际上并不欢迎真正的革命者。于是,鲁迅出走,前往南京,范爱农的学监也被"设法去掉",一切貌是新的,"内骨子是依旧的",甚至连新貌也不屑于伪装了。

失意之后的范爱农又爱上了酒——借酒浇愁。然而胸中牢骚太多,年轻人不愿意多听,大家也都讨厌他,走投无路的范爱农就此"沉沦"下去。直至莫名其妙地离世。

整体而言,范爱农是一个很不得志的革命青年。《朝花夕拾》一书重提旧事,或是记叙,或是议论,所记所谈无不是对鲁迅影响重大之人、之事。范爱农作为唯一一个被鲁迅书写的同龄人,其实还寄托着鲁迅对自己可能的另一种命运的观照,而不仅仅是对真正革命党人以及革命的同情。

  文中虽然并未明写范爱农的出身,但是以他能成为徐锡麟的学生,且能到东京留学等细节来看,范爱农应当也是出身于封建小地主家庭。只不过从东京留学开始,鲁迅对自己的命运、国家的命运以及当下的种种选择更多了一份思考,所以能多次改变方向,寻得出路。而范爱农则不然,他既对旧文化有所反抗,但又对身上浓厚的旧文化习焉不察。他有对时事、时局的洞见,却似乎对自身并不能保持省察,另寻出路。在鲁迅去南京之前,两人几乎保持着相同的人生轨迹,几乎同时留学,同是革命党人,一样的忧虑国事,差不多同时返乡,又同在家乡谋得教职,差不多同时被军政府重用。但两人最终还是分道扬镳。如果鲁迅也不能对自身保持省察,那他难免会如范爱农一般,落入另一般境地。

参 考 文 献

[1] 鲁迅.朝花夕拾[M].北京:人民文学出版社,2000.

[2] 朱崇科.《朝花夕拾》与鲁迅的"情感结构"[J].华南师范大学学报(社会科学版),2021(1):184-193,197.

[3] 刘彬."腊叶"的回眸——重读鲁迅《朝花夕拾》[J].文艺研究,2020(1):91-100.

[4] 黎思思.《阿长与〈山海经〉》双重叙事视角解读[J].文学教育(上),2019(8):34-35.

[5] 叶诚生.《朝花夕拾》的儿童叙事及其文体功能[J].齐鲁学刊,2019(1):149-154.